VOLUME 2
BIBLE
WORD SEARCH
CROSSWORDS
FUN FOR THE WHOLE FAMILY

© 1999 Landoll, Inc.
Ashland, Ohio 44805
® The Landoll Apple Logo is a trademark owned by Landoll, Inc.
and is registered with the U.S. Patent and Trademark Office.
No part of this book may be reproduced or copied.
All Rights Reserved. Manufactured in the U.S.A.

Landoll's Family Bible Puzzle Books

These books were designed for those who love puzzles, **and** for those who want to learn more about the Bible. We've provided general and specific Scripture references, both as clues to help you complete the puzzles and as starting points in case you wish to read more about our puzzle themes. Whatever your objectives, we envision a family doing our puzzles, opening a Bible, and learning together.

Books of the Bible: Abbreviations

OLD TESTAMENT		NEW TESTAMENT	
Genesis	Gen.	Matthew	Mt.
Exodus	Ex.	Mark	Mk.
Leviticus	Lev.	Luke	Lk.
Numbers	Num.	John	Jn.
Deuteronomy	Deut.	Acts	Acts
Joshua	Josh.	Romans	Rom.
Judges	Judg.	1 Corinthians	1 Cor.
Ruth	Ruth	2 Corinthians	2 Cor.
1 Samuel	1 Sam.	Galatians	Gal.
2 Samuel	2 Sam.	Ephesians	Eph.
1 Kings	1 Kgs.	Philippians	Phil.
2 Kings	2 Kgs.	Colossians	Col.
1 Chronicles	1 Chr.	1 Thessalonians	1 Thes.
2 Chronicles	2 Chr.	2 Thessalonians	2 Thes.
Ezra	Ezra	1 Timothy	1 Tim.
Nehemiah	Neh.	2 Timothy	2 Tim.
Esther	Est.	Titus	Titus
Job	Job	Philemon	Phile.
Psalms	Ps.	Hebrews	Heb.
Proverbs	Prov.	James	Ja.
Ecclesiastes	Ecc.	1 Peter	1 Pet.
Song of Solomon	SofS.	2 Peter	2 Pet.
Isaiah	Isa.	1 John	1 Jn.
Jeremiah	Jer.	2 John	2 Jn.
Lamentations	Lam.	3 John	3 Jn.
Ezekiel	Eze.	Jude	Jude
Daniel	Dan.	Revelation	Rev.
Hosea	Hos.		
Joel	Joel		
Amos	Amos		
Obadiah	Obad.		
Jonah	Jon.		
Micah	Mic.		
Nahum	Nah.		
Habakkuk	Hab.		
Zephaniah	Zep.		
Haggai	Hag.		
Zechariah	Zec.		
Malachi	Mal.		

#1 END TIMES

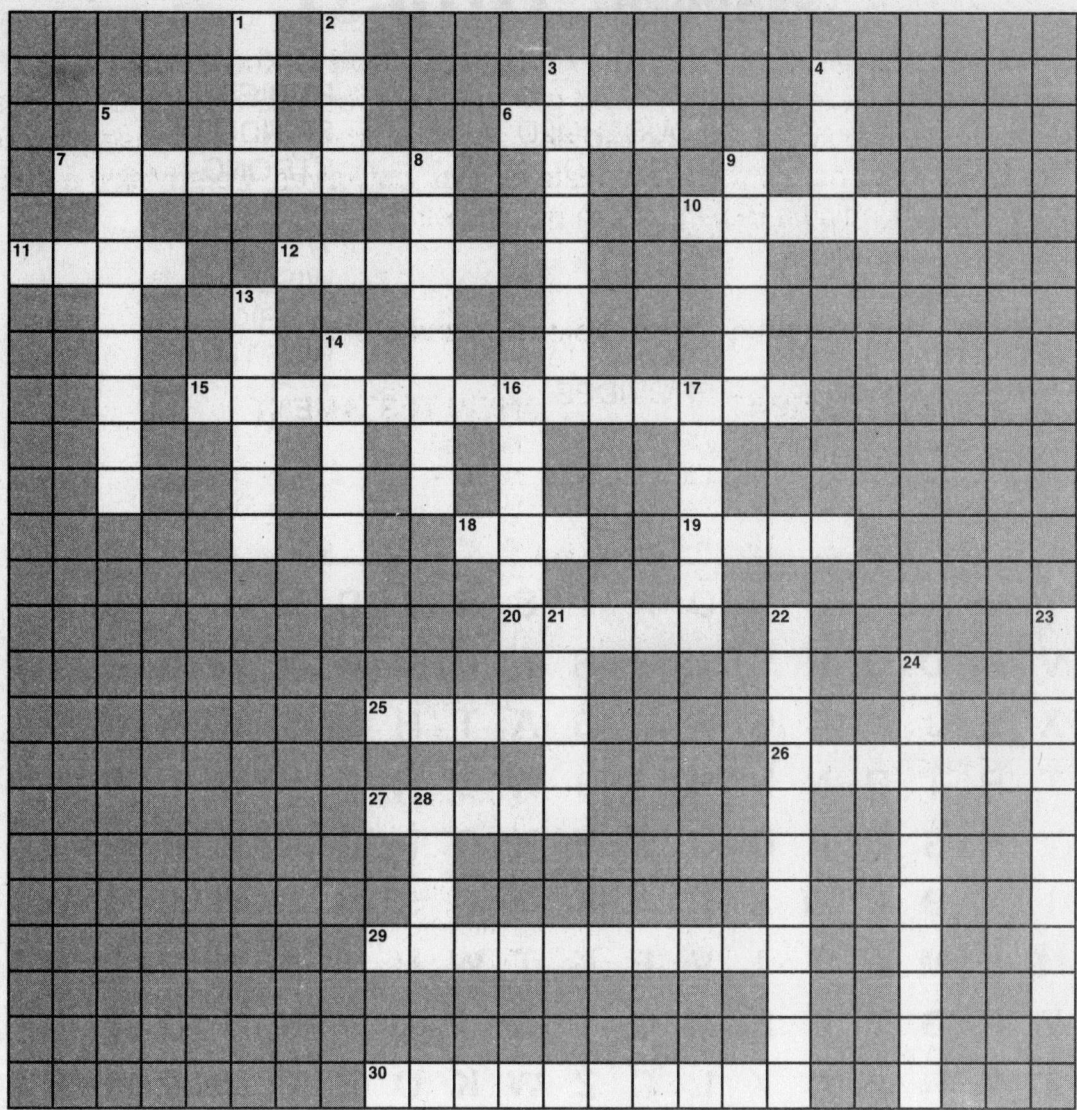

ACROSS
6 Has seven horns and eyes (Rev. 5:6)
7 Reason to fear God (Rev. 14:7)
10 Number of churches John wrote to (Rev. 1:4)
11 Received Revelation (Rev. 1:1)
12 Seas turn to this (Rev. 16:3)
15 Blessed to be invited to ___ (Rev. 19:9)
18 This horse signifies war (Rev. 6:4)
19 On forehead or hands (Rev. 20:4)
20 First vial of wrath (Rev. 16:2)
25 This horse signifies conquering (Rev. 6:2)
26 A great city judged (Rev. 18:10)
27 Means beginning (Rev. 21:6)
29 Great deceiver (2 Jn. 1:7)
30 Final battle (Rev. 16:16)

DOWN
1 Names are written in this book (Rev. 21:27)
2 This horse signifies death (Rev. 6:8)
3 Fifth vial of wrath (Rev. 16:10-11)
4 Fourth vial of wrath (Rev. 16:8)
5 Sixth vial of wrath poured on ___ (Rev. 16:12)
8 Years Satan is bound (Rev. 20:3)
9 No admittance until plagues ended (Rev. 15:8)
13 Creatures full of eyes (Rev. 4:6)
14 Wanted to devour child (Rev. 12: 3-4)
16 Wore crowns of gold (Rev. 4:4)
17 Where Revelation was written (Rev. 1:9)
21 Means end (Rev. 21:6)
22 Time of troubles (Rev. 2:10)
23 Clothed in sackcloth (Rev. 11:3)
24 Before throne (Rev. 4:6)
28 First beast (Rev. 4:7)

#2 THE NOBLE WIFE
Proverbs 31:10-31

BLESSED	GOOD	RUBIES
BUYS	HOUSEHOLD	SPINDLE
CHARACTER	HUSBAND	STRONG
DIGNITY	LAMP	TASKS
DISTAFF	LAUGH	WIFE
EAGER	NOBLE	WISDOM
FAMILY	PLANTS	WORKS
FIELD	POOR	WORTH
FOOD	PROVIDES	

```
Y O X T G N O R T S E L D N I P S K
V P O O R S I J S S D M H M D F B T
X E J Y C G S K S A T H U S B A N D
T R I B N U R J J W O R T H Q L S I
Y N S O H O U S E H O L D C K E X I
I X B L W S E A F Q L S M O D S I W
M L M W T I V F K T W H T I W N Q M
E P G Y F K M C I G J L V N Y D Y R
Z Y R J O X L C Z W K O Z E J P K E
Y I U W S K A Z J R R D D S R I X D
L A B I P Y M Z Y P E L E F Y D O I
H W I O L L P G J T E T A S R U F D
H X E Q A R A T Q I I M C K S F B U
Q R S C U N U N F D I N E A A E D D
W J N Y G F R A T L R A G T R D L G
O H P R H U G W Y S G A S I O A O B
V C F O K N Z G H E C I F O D O H O
C N G J F D R B R Y D C F E D S A C
```

#3 JESUS AS MAN AND LORD

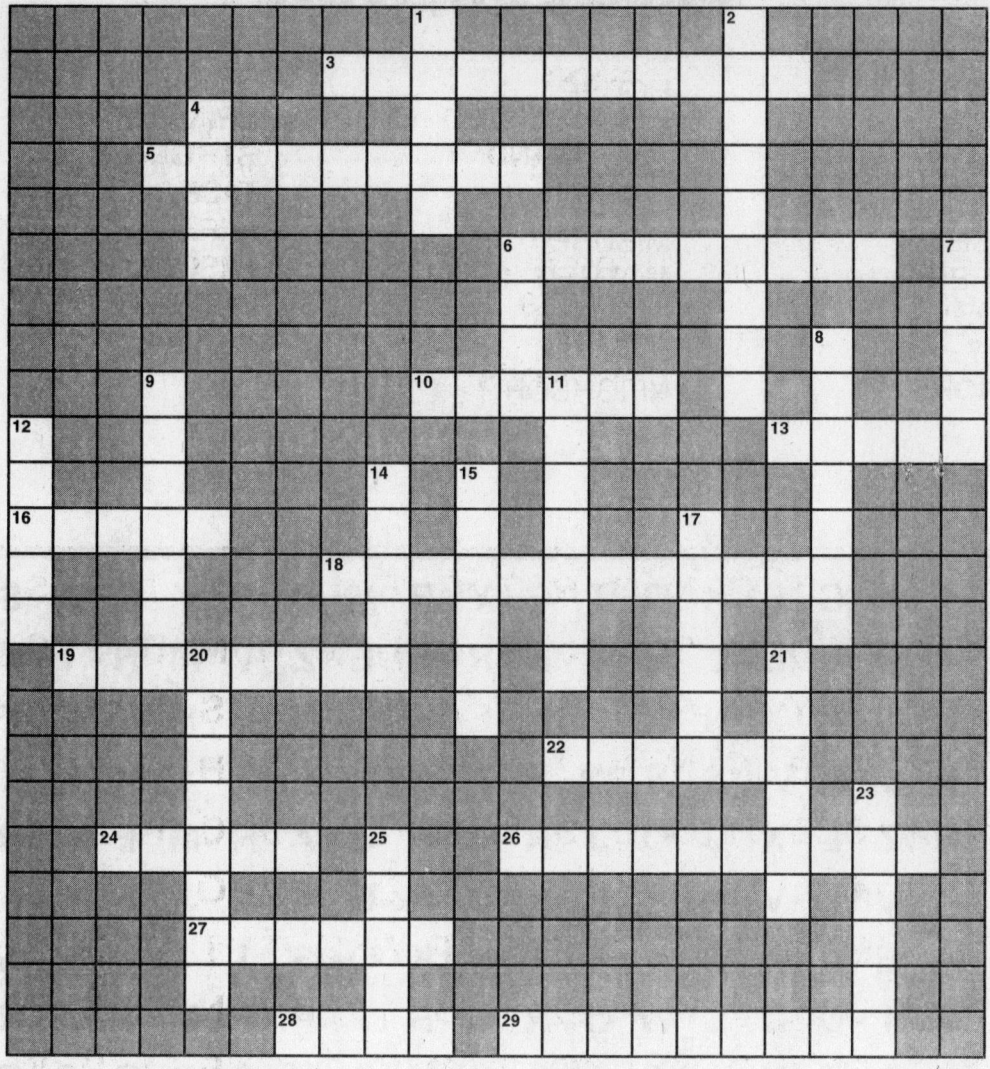

ACROSS
- 3 Herod had children killed at what age? (Mt. 2:16)
- 5 Jesus was a ___ (Mk. 6:3)
- 6 They were in the fields (Lk. 2:8)
- 10 Mary was a ___ (Mt. 1:23)
- 13 Devil showed Jesus kingdoms of the ___ (Mt. 4:8)
- 16 Angels sang peace on ___ (Lk. 2:14)
- 18 Gift brought to Jesus (Mt. 2:11)
- 19 Devil took Jesus to this part of temple (Mt. 4:4)
- 22 They came and ministered unto Jesus (Mt. 4:11)
- 24 Reigning king (Mt. 2:1)
- 26 Devil wanted Jesus to ___ (Mt. 4:9)
- 27 Age Jesus was lost (Lk. 2:42)
- 28 Thou shalt worship the ___ (Mt. 4:10)
- 29 Passover feast was in ___ (Lk. 2:41)

DOWN
- 1 How many days did Jesus fast? (Mt. 4:2)
- 2 Place of birth (Mt. 2:1)
- 4 His mother (Mt. 1:18)
- 6 ___ led the wise men (Mt. 2:9)
- 7 Man shall not live by this alone (Mt. 4:4)
- 8 He was wrapped in swaddling ___ (Lk. 2:7)
- 9 Jesus answered, "It is ___"(Mt. 4:4)
- 11 This angel came to Mary (Lk. 1:26)
- 12 Tempter said make stones into ___ (Mt. 4:3)
- 14 They found Jesus in ___ days (Lk. 2:46)
- 15 Jesus was laid in a ___ (Lk. 2:7)
- 17 Jesus was found here (Lk. 2:46)
- 20 Jesus lived in this city (Mt. 2:23)
- 21 Mary's husband (Mt. 1:19)
- 23 Jesus was filled with ___ (Lk. 2:40)
- 25 Jesus increased in ___ (Lk. 2:52)

#4 THE TEN COMMANDMENTS
Exodus 20:3-17

ADULTERY	HOUSE	REMEMBER
BOW DOWN	IDOL	SABBATH
COMMANDMENTS	JEALOUS	SHALL NOT
COVET	LORD	SPOKE
FALSE	MISUSE	STEAL
FATHER	MOTHER	TEN
GODS	MURDER	TESTIMONY
HOLY	NAME	WORSHIP
HONOR	NEIGHBOR	

```
V I X G F X O T G Y R M D P Y O A S
Q Z O S B L E T K R L E Z V M N T U
S R O H X N K L N E B O M F H D E F
P E J A W S R W P Y S I H E I K V I
T H Z L X U O J R J T U A H M F O R
Y T V L V D R E L O R D S X I B C A
Z A E N W D T E F U K Q S I I O E N
A F I O D L W O R S H I P P M Y W R
K V B T U J E A L O U S H O O O G E
O C N D A A H T A B B A S M A K S D
G B A C O M M A N D M E N T S U E J
T R O N O H C I D O L B M Z O M S F
H L M U P L A E T S I X O H A L A C
R O B H G I E N J Y D Z T U T L E R
E I J Q S Z V I W G N H H O S M I S
Y W U W A E P B I M W Q E E A L I D
X Y N O M I T S E T V K R N M K A O
A B C R E D R U M V R N F G O M O G
```

#5 DEACONS

ASSURANCE
CHILDREN
CLEAR
CONSCIENCE
FAITH
GAIN
HOUSEHOLD
KEEP
MANAGE

MEN
NICANOR
NICDAS
PARMENAS
PHILIP
PROCORUS
RESPECT
SERVE
SINCERE

STANDING
STEPHEN
TESTED
TIMON
TRUTHS
WIFE
WINE
WORTHY

```
I Z B C K O S M J D U Y V J K U R C
I P B Q U A S U R G N H J O F K E M
T J P J P H E C T M P E R G D V S V
N E N V S C Z A T N E C H O K N P M
A W Q W M X O D S G E Z L P U C E O
D K G T W H K N A S D R W E E K C O
E N O J T U T N S D U R D R A T T L
V E V S R D A I T C O R Y L I R S K
R G G H U M L M A N I X A P I Y V S
E D T A T P E O A F N E A N Y H U H
S R E B H N E C H I N R N P C R C S
V F K T S L I E C E M I I C O E W T
Q G X W S N N D K E S L A C E O I A
T E V J M E A Q N F I U O G W H F N
P A G S B S T A D H V R O W S T E D
S L E A W V S U P S P G E H D S F I
A Z O T H W I N E K F C H T I M O N
H Q E S I N C E R E Y H T R O W W G
```

#6 STRENGTH AND SUBMISSION: Samson and Ruth

ACROSS
1. Their son (Ruth 4)
4. Slew 1,000 men with this (Judg. 15)
8. Ruth's home (Ruth 1)
9. Ruth ___ after reapers (Ruth 2)
12. Samson's father (Judg. 13)
13. He ate ___ from a lion (Judg. 14)
15. Delilah used this to weaken him (Judg. 16)
16. Secret of his strength (Judg. 16)
20. God of the Philistines (Judg. 16)
21. Pulled down ___ of temple (Judg. 16)
22. Married a ___ woman (Judg. 14)
25. Only thing parting them (Ruth 1)
26. Used these to burn corn (Judg. 15)
27. Spirit of Lord came ___ upon him (Judg. 15)

DOWN
2. Ruth's second husband (Ruth 4)
3. He killed a ___ (Judg. 14)
5. Philistines put out his ___ (Judg. 16)
6. Women moved to ___ (Ruth 1)
7. Ambushed here (Judg. 16)
9. Where Boaz made arrangement (Ruth 4)
10. She was bitter (Ruth 1)
11. Elimelech's wife (Ruth 1)
14. Other daughter-in-law (Ruth 1)
15. Wife betrayed him for its answer (Judg. 14)
17. Announced his birth (Judg. 13)
18. These couldn't hold him (Judg. 16)
19. Boaz slept on ___ floor (Ruth 3)
23. Delilah's home (Judg. 16)
24. Boaz's relationship (Ruth 2)
26. Where Ruth slept (Ruth 3)

#7 JONAH'S ADVENTURE

ABOARD
AFRAID
CAST LOTS
FARE
FISH
FLEE
GOD
JONAH
JOPPA

LORD
NINEVEH
OVERBOARD
PORT
PREACH
PROPHET
RAN AWAY
SAILED
SAILORS

SEA
SHIP
STORM
SWALLOW
TARSHISH
THREE DAYS
THREW
WIND

```
E R O Z F D M Z M M O T M S F F P F
Q Y R T U S I Q W P A D P Z E D I P
K F V Q G I T D E R G E D W R A H Q
S I F X S Z I O S Z M L Z Z X Q S S
R Q K V S V N H R D E I W I N D I A
Q M K D Y W I T H M J A W V E Z W I
R Z F I S S D P D H Q S U W H W H L
A H O A H T R R F I O S H A L A I O
N K E R R E O B A V A E Y O K W S R
A Q C E A E M L E O N R R V P E J S
W X H C L T H R T I B D F R H R C C
A A H A R F B S N S J A O A Y H F V
Y S B O N O D E I O A P H U I T E W
C I P F A O V O P F H C Q O K Q T L
M H T R W E J P G E W S W A L L O W
A P D Y H B A W T S Y A D E E R H T
A Q Q S C X M J L I Z T V H N E X P
W K D J G S M S S I T D P P H H M E
```

#8 FIRSTBORNS' NAMES

ABDON	JARED	MICAH
ARPHAXAD	JESUS	NADAB
BELA	JETHER	NEBAJOTH
EBER	JOEL	PELEG
ENOS	JOHN	REUBEN
EPHRAIM	LEAH	SAMSON
GAD	MANASSEH	SERUG
HUR	MERAB	TERAH
IRAD	METHUSELAH	

```
T P N V T W O X D T S I D J U E G X
S H E I S B U J R Q C E L P L P V K
A E B A E U V G U R E S L N W V C I
M S A P N E O C X H T S K W U S R I
S S J Y H E T X M B G H A R E T I S
O A O C A C B W P E N A D A B W M O
N N T F E D Z U M E T H U S E L A H
K A H E L E Z P E N C K N G C L I M
C M B I D I N H O R R J F E O K F E
Y V S E R A U O E I E O J C P A G R
H O E A L R X P D S P D P G I Z E A
Q P D N G A H A U B H P Q U G X D B
V V A A O R E S H R A V H R H G M J
C G D K A S J B E P F W G J F I O G
J H G I G A I H E J R J N C C J K E
J L M K R R T N O R O A Y A R Q P L
V K U E C E U E X H B N H N T N T E
C S D P J E L U N P X H F Q B S C P
```

#9 KING SOLOMON'S WISDOM: Proverbs

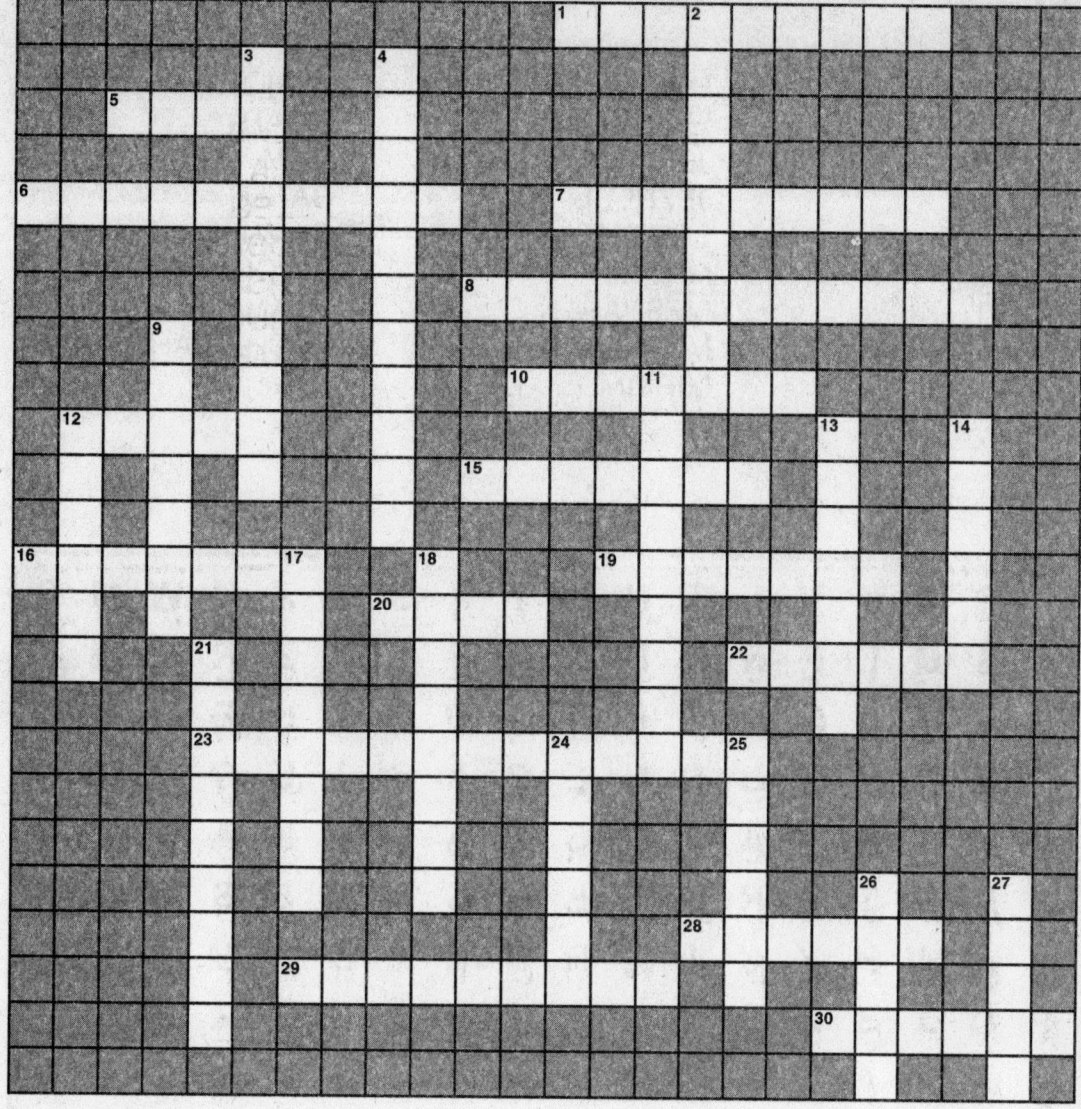

ACROSS
1 ___ are upon head of the just (10:6)
5 ___ covereth all sins (10:12)
6 He that ___ shall be known (10:9)
7 In ___ of words there lacketh not sin (10:19)
8 Wise at heart receive ___ (10:8)
10 He that ___ with the eye causeth sorrow (10:10)
12 ___ of wicked is of little worth (10:20)
15 He that refused ___ erreth (10:17)
16 Desire of righteous shall be ___ (10:24)
19 He that uttereth ___ is a fool (10:18)
20 ___ man's wealth is in his strong city (10:15)
22 ___ stirreth up strife (10:12)
23 ___ delivereth from death (10:2)
28 ___ of the just blessed (10:7)
29 ___ of wickedness profit nothing (10:2)
30 Fools die for lack of ___ (10:21)

DOWN
2 He casteth away ___ of wicked (10:3)
3 He that ___ his lips is wise (10:19)
4 Mouth of fool is near ___ (10:14)
9 A ___ fool shall fall (10:8)
11 Wise men lay up ___ (10:14)
12 He that hideth ___ has lying lips (10:18)
13 Destruction of poor is their ___ (10:15)
14 Name of ___ shall rot (10:7)
17 Hand of ___ maketh rich (10:4)
18 ___ covereth mouth of wicked (10:6)
21 He who walketh ___ walketh surely (10:9)
24 He that gathereth in ___ is wise (10:5)
25 Tongue of just is like choice ___ (10:20)
26 ___ of the wicked is sin (10:16)
27 ___ of righteous tendeth to life (10:16)

#10 MORE FIRSTBORNS' NAMES

ABIRAM
AMNON
ASAIAH
CAIN
DAN
ELIAB
ENOCH
ESAU
GERSHOM
HUZ
ISAAC
JERIAH
JEZREEL
LAMECH
MACHIR
MESHA
METHSAEL
MIRIAM
NAHOR
NOAH
RAM
SALAH
SAMUEL
SIDON
ULAM
ZECHARIAH

```
Y P G K H E T N J I X S G Z H W M D
D I Q L X N O D I S C X R Z R A M X
V T V P N M G E W W O B Z N E N O Q
N M U M J O S N E P A S I U O U B U
H K D E L A J N C I A A R N A W P Q
X V R T U R O E L I C D M S S J D X
Y Z W H Y C I E R H N A B M M A L U
P Q X S H S N H A I M V O Z Z P W U
H A L A S A M I C A A H G W M C X N
C F V E D A A M R A S H S P A V H L
K Q S L I S Y I F R M H X A M T K N
D B G R A G B R E P U M S L T S R J
M O I H R A M G O Z E I J D N D L E
I M H K H E N G P N B Q S I W K P Z
M S D A S I R E I X H E N U W B R R
E K F H O H C E M A L H S T M Y W E
G A A Q Y N M I G U H R O H A N N E
Z E C H A R I A H C V L E U M A S L
```

#11 PRE-ISRAEL KINGS

AARON	EVI	REBA
ABIMELECH	HADAD	REKEM
AMRAPHEL	HOHAM	SAMLAH
ARAD	HORAM	SHAUL
ARIOCH	JABIN	SHINAB
BALAK	JOBAB	SIHON
BELA	KEDORLAOMER	TIDAL
BERA	MELCHIZEDEK	ZUR
BIRSHA	PIRAM	

```
Z A W J A R P G P R H A D A D C B C
N B M A F E E L R S A M L A H W Y C
N I J R J B Z K J D A O S A G T D E
O R L E A A H A W H S M K P I V H B
H S B G B P H L O S H I N A B J A B
I H A E I W H H V G L U A H S L K B
S A R Y H D C E Z I X C C Y A O E R
C A J B I X N J L C C E L K H F D U
S R E T E A R A D B L E J Y O G E Z
C Y Y O V L V D J E P X N A R B Z T
K E D O R L A O M E R I W L A D I T
M J M P A A E I R W B E I Y M Z H X
P Z P L A E B H B A R P I R A M C B
X G T R V A G C J A P E C R C P L T
S S O I G R K O P T B Y K J H C E Q
F N N E N N R I J W H O S E K J M H
D U K V I W X R G B Z D J L M U F F
J R F Q C L Z A J U M P W A R W U E
```

#12 VERSES WORTH REMEMBERING

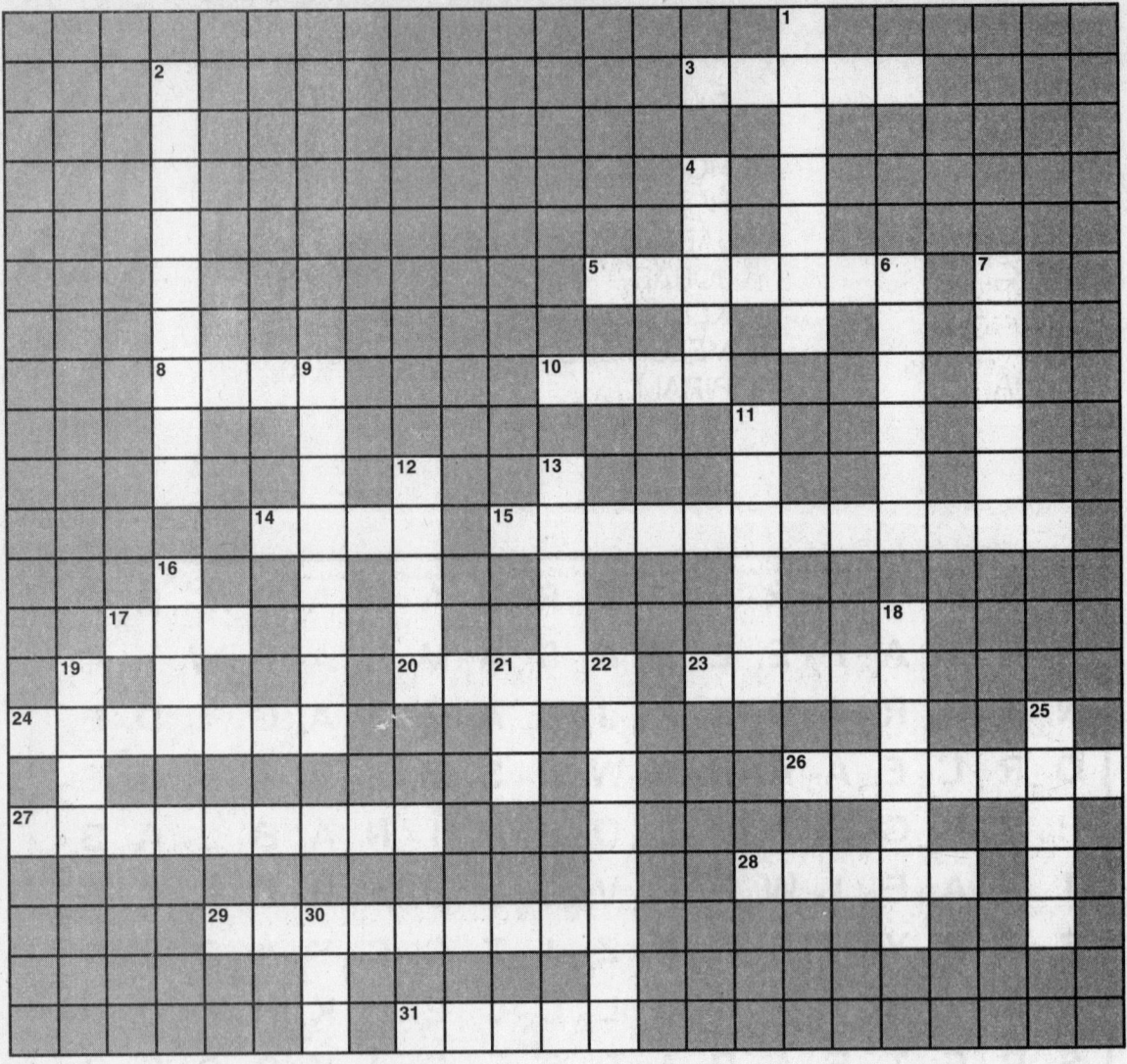

ACROSS
3 I will ___ the Lord at all times (Ps. 34:1)
5 Come let us ___ and bow down (Ps. 95:6)
8 Thy word is a ___ unto my feet (Ps. 119:105)
10 We ought to ___ God rather than men (Acts 5:29)
14 They shall ___ the name of the Lord (Isa. 59:19)
15 If ye love me, keep my ___ (Jn. 14:15)
17 God of hope fill you with ___ (Rom. 15:13)
20 Be ___ of the word, and not just hearers (Ja. 1:22)
23 The Lord our God we will ___ (Josh. 24:24)
24 Be ___ always of his covenant (1 Chr. 16:15)
26 The word of the Lord stands ___ (Isa. 40:8)
27 For I am ___ and wonderfully made (Ps. 139:14)
28 And be not ___ with wine (Eph. 5:18)
29 Fear of the Lord is the ___ (Ps. 111:10)
31 The ___ shall set you free (Jn. 8:32)

DOWN
1 His ___ is in the law of the Lord (Ps. 1:2)
2 And the ___ were filled with joy (Acts 13:52)
4 The paths of the Lord are ___ (Ps. 25:10)
6 In God, I will ___ his word (Ps. 56:4)
7 The ___ of the Lord is upon me (Lk. 4:18)
9 The word of the Lord is quick and ___ (Heb. 4:12)
11 ___ shall speak of thy righteousness (Ps. 35:28)
12 Man shall not live on ___ alone (Mt. 4:4)
13 But ye shall receive ___ (Acts 1:8)
16 It is a ___ thing to give thanks (Ps. 92:1)
18 Faith comes from ___ (Rom. 10:17)
19 While I ___ I will praise the Lord (Ps. 146:2)
21 Ye shall ___ the good of the land (Isa. 1:19)
22 The Lord is my ___ and shield (Ps. 28:7)
25 ___ me to do thy will (Ps. 143:10)
30 O Lord, thou art my ___ (Isa. 25:1)

#13 REVELATION IMAGERY

ALTAR
ANGEL
BEAST
BOWL
CENSER
CHARIOT
CHURCH
CROWN
DRAGON

ELDERS
GATES
HEAVEN
HORSE
INCENSE
LAMB
LAMPS
LION
PLAGUES

RIVER
ROBE
SCROLL
SEAL
SWORD
THRONE
TRUMPET
WALLS

```
Q O Y C G B Q C P P I W B C H Q X P
N I C F A H E L E N Z Q X E Q Y O L
R X G T E L A A C N N I A S I H E A
G X S H T M T E S D S V R F P Z Y G
K I G R B O N A E T E E J L I P N U
X K H O C S I S R N L H R Z K R U E
U T B N E H R R G L S W D X H K K S
C S E E C O U A A R E R O S E J L C
P L S P H R T R E H A G P B N B J B
G L X W M E O D C G C M N O V Q O J
Q A D J S U L W O H A Z I A S Q F R
W W R F X E R N N L W L W S T S H P
D P O C L U J T Y Y A Z C S M W H R
W N W I E O L M R E Y R W D F U I J
C W S U T B A Q I C O Y A Y K V Y D
T F R G W I J G Z L K J G K E Y P L
O F A H J U E G L C Q Z T R A H D H
D F D R C K X Z U X S E A L Z L A Z
```

#14 ANIMALS OF THE BIBLE

- ANTELOPE
- APES
- BABOON
- BEAR
- BEHEMOTH
- CAMEL
- CATTLE
- CONEY
- DEER
- DOG
- DONKEY
- FOX
- GAZELLE
- GOAT
- HORSE
- IBEX
- LEOPARD
- LION
- MULE
- PIG
- RABBIT
- RAT
- SEA COWS
- SHEEP
- WEASEL
- WOLF

```
H I L A Q I M O I J P G C J D L N H
D X F L O W J E M Y A N O E R O S W
R O U R K X W X E M T V W A O E A N
A R H E T W P K O O R O B B T N M E
P I O T F R N Q H E D X A G T T G S
O U O K O O H T Y B O B I E F B C R
E W R X D M U C E F S P L Y V Z N O
L E T A H Q E A H E H O B G S S G H
W A O J B A R H P Z P E J J D H J L
F S M S B B F A E E Y E U G X W E P
N E K E A E I R O B U M L O F M B E
R L A A W L C T Q J B T N L A G O E
D N I C A T W H D U J M C C E D W H
E M B O Z T T R N O I L M Q O Z U S
W Q E W D A A E I T X L U G F X A A
U W X S G C C E N H N K L M T U A G
W A I T T T T D Z Y O W E J A M C V
H Y E N O C U D A F Y V N X R Z R Y
```

#15 MUSIC

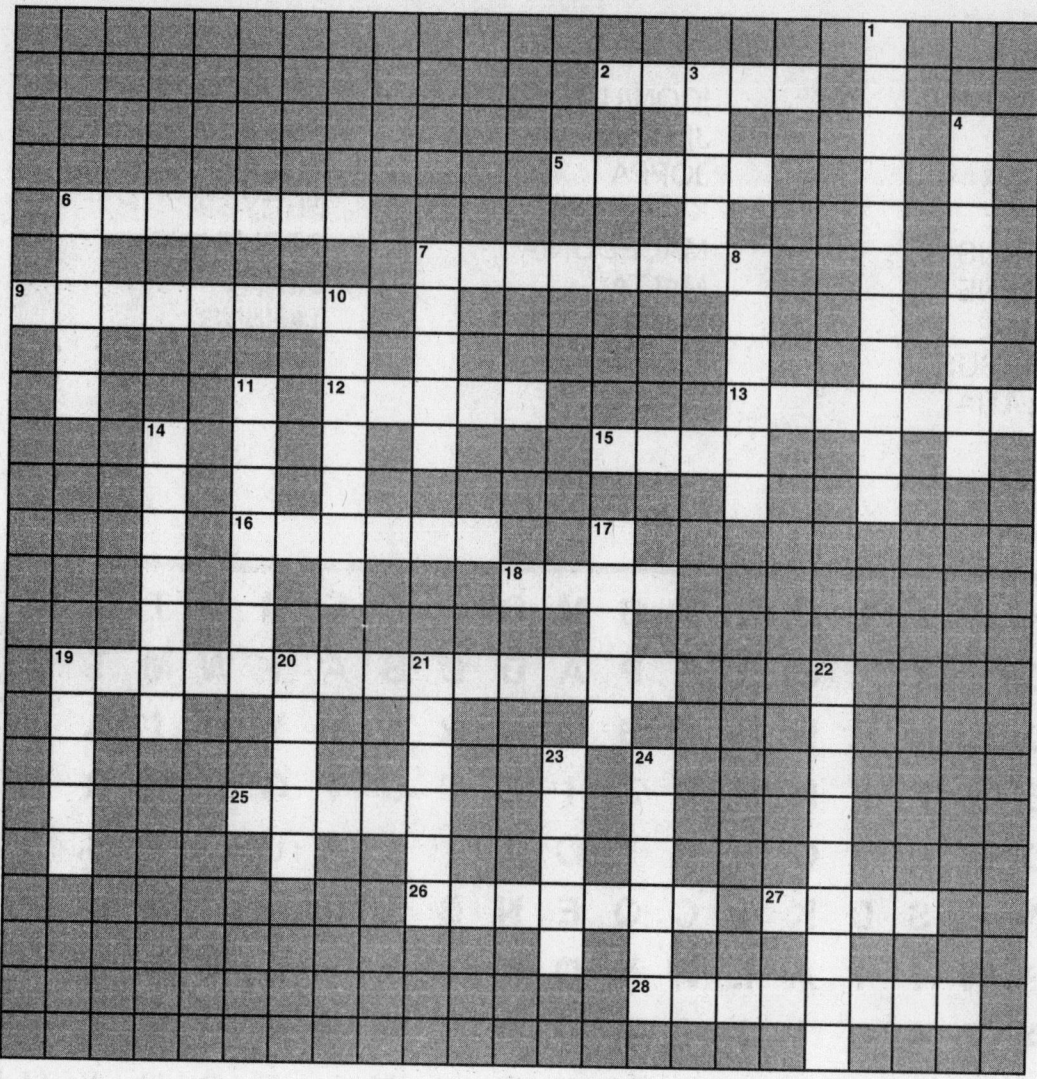

ACROSS

2 Was appointed Saul's musician (1 Sam. 16)
5 Signaled prodigal's return (Lk. 15)
6 Without love, we're clanging ___ (1 Cor.)
7 Instruments used for Psalms (Ps. 6)
9 Instrument of praise (2 Sam. 6)
12 God gives songs in ___ (Job 35)
13 At last trump, we shall be ___ (1 Cor. 15)
15 Another instrument (Isa. 5)
16 Sang praise when exiting Egypt (Ex. 15)
18 Upon the ___ will I praise thee (Ps. 43)
19 For a dancer, Herod killed him (Mt. 14)
25 Singing with ___ to Lord (Col. 3)
26 Last trumpet (Rev. 11)
27 God is like a lovely ___ (Eze. 33)
28 Lord is my ___ and song (Ex. 15)

DOWN

1 God surrounds us with songs of ___ (Ps. 32)
3 This shall no longer be heard (Rev. 18)
4 These break forth into singing (Isa. 14)
6 David addressed many Psalms to ___ musician
7 Song of Solomon or Song of ___
8 David ___ before Lord (2 Sam. 6)
10 Musicians in front (Ps. 68)
11 His voice is like a ___ (Rev. 1)
14 City destroyed by trumpets (Josh. 6)
17 Cymbals of ___ (1 Chr. 15)
19 Father of musicians (Gen. 4)
20 Making melody in your ___ to Lord (Eph. 5)
21 They blew trumpets (Rev. 8)
22 Priests blasted trumpets and ___ (Josh. 6)
23 King sang funeral songs for him (2 Sam. 3)
24 Woodwinds used for Psalms (Ps. 5)

#16 PLACES: Acts 1

ANTIOCH
ASIA
BEREA
CRETE
CYPRUS
CYRENE
DERBE
EPHESUS
GALATIA
ICONIUM
JERUSALEM
JOPPA
KIOS
MACEDONIA
MALTA
MILETUS
PAMPHYLIA
PAPHOS
PATARA
PHILIPPI
PHOENICIA
PHRYGIA
PTOLEMAIS
SIDON
TARSUS
TYRE

```
H D I T C R I G M S F C E U Q T I M
C L Y Y O F A P A D L B A I W M T I
D C H R E H R S U N R W M Y O I A L
E N X E N P E Z I E T U T G S U R E
O A L V Q H R T O A I I A U O F S T
W P S D K I C Q E N B I O A G O U U
P W I T A L W Y O R T E E C M B S S
A T A O I I C C P A C P R E H M E Y
M A M V N P I Y L R H W L E P U I U
P R E P O P D A R E U A V E A J R U
H A L I D I G E S E S S A K P S X D
Y T O D E A K U R U N P V S H M S C
L A T N C M S V R B P E O I O J A J
I P P R A Q N E C O E I J N S T K J
A A C J M C J D J W K X F A L X X N
H S A I C I N E O H P Y E A D V E R
P H R Y G I A O C I L P M F E R T F
L W W B R F A Y S I D O N V S K V U
```

#17 PLACES: Acts 2

- ACHAIA
- ASSOS
- ATHENS
- AZOTUS
- CAESAREA
- CILICIA
- CNIDUS
- CORINTH
- COS
- JUDEA
- LASEA
- LYCIA
- LYDDA
- LYSTRA
- MITYLENE
- MYRA
- PERGA
- RHODES
- ROME
- SALAMIS
- SAMARIA
- SAMOS
- SELEUCIA
- SYRIA
- THESSALONICA
- TROAS

```
L A S A S G D L O I P S C N I D U S
G T A I O A E B X A G R E P U W U X
X D R C B M L N W I M B Y A E S A L
N A D I I V B A E Z P S Z S L P O O
D T U L Q N I K M L T F O Z O S F T
A R V I G R O M G I Y R A M Y C T A
E O H C A B D L M M S T H R A J O R
R A V M A A Q S A A I S I O B S H O
A S A R D R Q M O S T A U M D I U M
S S S D P T T A C S S H H T B E B E
E D Y T U C I S C F S E E S O M S F
A L O X V N C A Y H M A H N X Z A Q
C G Q G U W I O L L A M Q T S R A V
J N D Q C C V G R C R I K R Y O X S
F U G K Y G B N Q I F L A M W N C I
H W D L W I F E T S N O G G N M K X
S E L E U C I A S P B T T N F X G N
S I Y M A R I D E Y M Y H F T O Q B
```

#18 WISE SAYINGS FROM PROVERBS

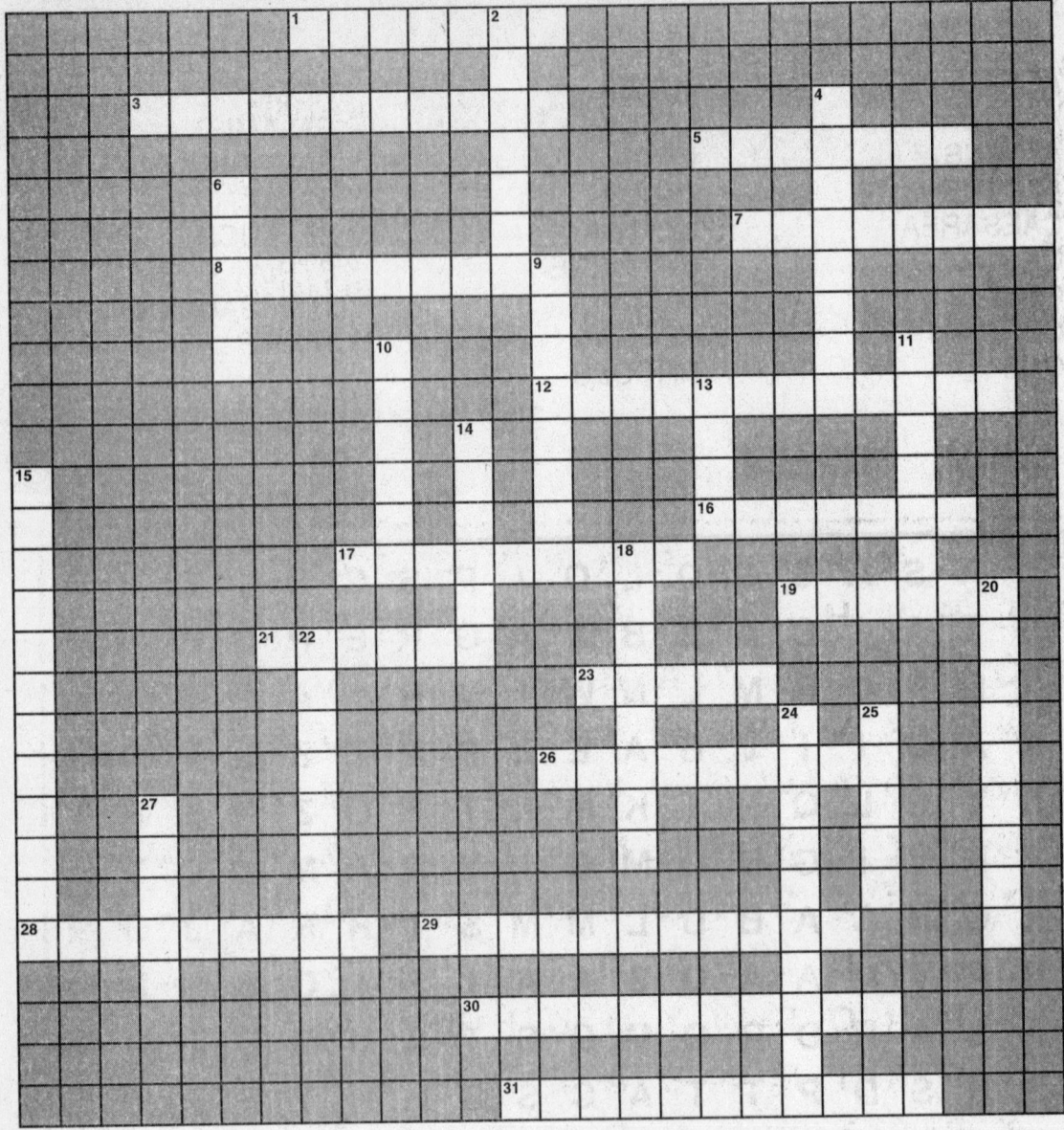

ACROSS
1 Man of understanding ___ uprightly (15:21)
3 Sacrifice of wicked is an ___ (15:8)
5 He that hateth ___ shall die (15:9)
7 ___ man stirreth up strife (15:18)
8 Days of the ___ are evil (15:15)
12 ___ is a breach in the spirit (15:4)
16 ___ loves not one that reproves him (15:12)
17 Tongue of the wise useth ___ (15:2)
19 Foolish man despiseth his ___ (15:20)
21 Wise son maketh glad ___ (15:20)
23 ___ of foolish doeth not so (15:7)
26 ___ tongue is a tree of life (15:4)
28 Folly is joy to him who is ___ (15:21)
29 Merry heart makes a cheerful ___ (15:13)
30 Fool despiseth his father's ___ (15:5)
31 The mouth of fools pooreth out ___ (15:2)

DOWN
2 In revenues of wicked is much ___ (15:6)
4 In house of righteous is much ___ (15:6)
6 Way of righteous made ___ (15:19)
9 Lips of wise ___ knowledge (15:7)
10 Sorrow of heart breaks the ___ (15:13)
11 Mouth of wicked ___ on foolishness (15:14)
13 ___ of Lord are in every place (15:3)
14 Man has joy by ___ of his mouth (15:23)
15 Without counsel purposes are ___ (15:22)
18 ___ words stir up anger (15:1)
20 He who ___ reproof is prudent (15:5)
22 He who is slow to anger ___ strife (15:18)
24 ___ is grievous unto him (15:9)
25 Dinner of ___ (15:17)
27 A soft answer turneth away ___ (15:1)

#19 THEY FATHERED KINGS

ABIJAH	GADI	JOSIAH
AHAZ	GINATH	JOTHAM
AHIJAH	HEROD	KISH
AMAZIAH	HEZEKIAH	MANASSEH
AMON	JABESH	NEBAT
ASA	JEHU	OMRI
BAASHA	JESSE	REMALIAH
DAVID	JOASH	SOLOMON
ELAH	JORAM	

```
H R E M A L I A H V Y C Z Q B L E H
A E S B H H M R H M P J H N L N A E
X O S X E V J A B E S H X K P T W Z
H N J S V M E R S O L O M O N U D E
F N S D A K A J X Z C V Q M I A J K
B G Y Z C N E V M A H T O J B E X I
Q X B F A H A K I S H I A Q S U X A
Q K Q J U J O M Q U N I O S U Y I H
H I H N O S W Y J D H W E O Z E T J
A J F A I M A B A F H L Q M Q M R H
I Z S S T H V B R H H A V R I X A M
S H T H L L A C I H A K J I X L Y A
O H L D D A R I E J G Z E I E T A R
J V P K N Y M R Z I A H E D H H I O
B A J K N A O O N A I H I P S A J J
Y W J D W D S A N D M V Q A E Y T C
N E B A T P T A A S A A A E Z V F H
E X F O W H T G E D T B G V H T A N
```

#20 NEW TESTAMENT BELIEVERS

ANDRONICUS
AQUILA
CLAUDIA
CRISPUS
EUNICE
GAIUS
HERMES
JASON
JULIA

JUSTUS
LINUS
LUCIUS
MNASON
NICANOR
PATROBAS
PERSIS
PHILEMON
PRISCILLA

QUARTUS
RUFUS
SILVANUS
SIMON
STACHYS
TIMON
URBANUS
ZENAS

```
K S B J U S T U S E Q H Z E N A S W
V D L J S H S X E U N R O N A C I N
C G I U J N M E H Z S I B D F B Z P
Z N N U Q U A R T U S I N O S A J U
A I I R W X H K A O L C S O F N F K
L C S Y D E N O S A N M S R Y K R G
L T V U R S Z A I D A K V U E M U H
I B M M C U X J H O H P E R I P W A
C H E R A I S V K V O U C I N C T P
S S T U N A N P D W J S I C K S U O
I H O F X G N O Q P K J N L S Y E L
R Y L U J Y O O R M G U U A U H C S
P I M S P P R X M D I L E U P C Y U
H L T I M O N T S E N I K D S A D N
T A L I U Q A J F J L A O I I T L A
D S O R V X N N N O M I S A R S F B
C S U N A V L I S S W P H W C Y V R
B N K Q S T S A B O R T A P G Z W U
```

#21 ANGELS

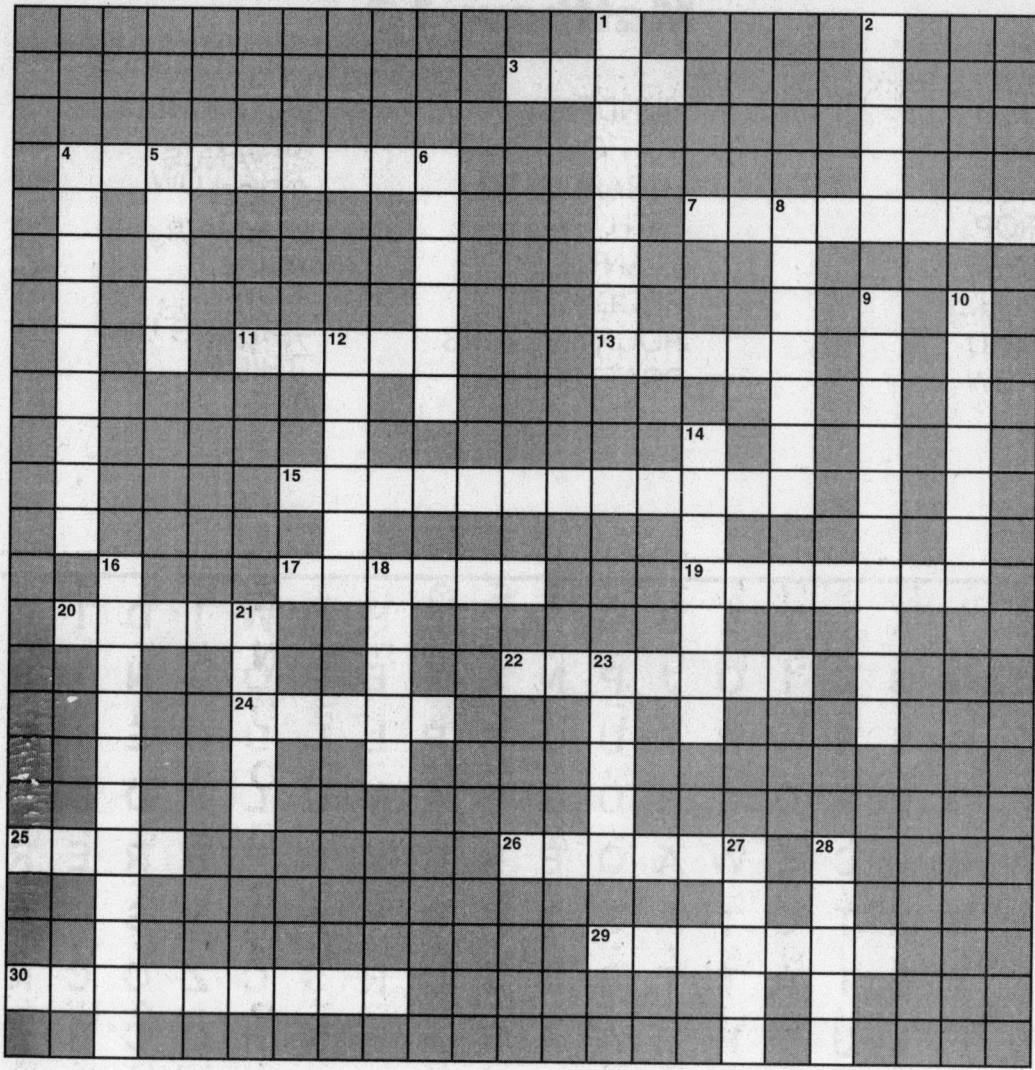

ACROSS
3 Angel of the ___ (Lk. 2:9)
4 Another name for angels (Gen. 3:24)
7 Pool waters place (Jn. 5:2-4)
11 Seen by Balaam's donkey (Num. 22:33)
13 Lot's locale (Gen. 19:1-15)
15 Means angels (Lk. 2:13)
17 Humans are below these (Ps. 8:5)
19 "___ the earth, nor sea" (Rev. 7:3)
20 Angel shut lion's ___ (Dan. 6:22)
22 "I bring you good ___" (Lk. 2:10)
24 Son of Man comes ___ (Mt. 16:27)
25 "___ thyself" (Acts 12:8)
26 He saw angel in dream (Mt. 1:20)
29 Appeared to Zacharias (Lk. 1:19)
30 Sword went over here (1 Chr. 21:16)

DOWN
1 Seven angels, seven ___ (Rev. 8:6)
2 Angel in ___ at Mt. Sinai (Acts 7:30)
4 Finally listened to Peter (Acts 10:22)
5 Joseph fled here ___ (Mt. 2:13)
6 It was thrust into earth (Rev. 14:19)
8 Angel will sound this (Mt. 24:31)
9 Ministered to Jesus here (Mk. 1:13)
10 The angel said, "___" (Lk. 1:30)
12 He saw angel's face (Judg. 6:22)
14 "___ is impossible" (Lk. 1:37)
16 Four angels stood here (Rev. 7:1)
18 Sang "___ to God" (Lk. 2:14)
21 Found by fountain (Gen. 16:7)
23 Angel opened this for Peter (Acts 5:19)
27 Eaten by worms (Acts 12:21-23)
28 What Balaam does (Num. 22:35)

#22 THE PARABLE OF THE SOWER
Matthew 13

- ATE IT
- BIRDS
- CHOKED
- CROP
- FARMER
- FELL
- GOOD
- GREW
- HUNDRED
- NO ROOT
- PARABLE
- PATH
- PLANTS
- PRODUCED
- ROCKY PLACES
- SCATTERING
- SCORCHED
- SEED
- SHALLOW
- SIXTY
- SOIL
- SOW
- SPRANG UP
- THIRTY

```
S I X T Y L B Q F F F H G W I D I C
Z G G Z I O J P N A X E P O J N I S
G Q S N W R T U O C R L L U O E I S
F O V S D L H D G R A M D L V D D P
W B M C S W A Q E N C K E P B R E R
M B X T C I A S T K H Y A R N S H A
X T B I A T T S D T O R S C Z O C N
Q E L U T H H A A R A H N H O C R G
L X L V T E O P T B I O C D O D O U
Z V U A E R R G L E R B E I E K C P
M H K V R E N E R O I R C C K A S A
S E E D I D S H O E D T U Y W M B G
O N G V N H J T B N W D W L I O S T
I W V K G J H F U H O V I J M O R L
F T X B Q A F H V R Y T H I R T Y Z
G Q O S E C A L P Y K C O R R H M M
Z S R N H T N F Y E Q I N U Q P B Z
Y H A S H A L L O W P Q P Z P Z T P
```

#23 BIBLICAL PEOPLE - L

LAADAH	LEAH	LOIS
LABAN	LEBANAH	LOT
LADAN	LECAH	LUCAS
LAEL	LEHABIM	LUCIUS
LAHAD	LEMUEL	LUDIM
LAHMI	LEVI	LUKE
LAISH	LIBNI	LYDIA
LAMECH	LIKHI	LYSIAS
LAZARUS	LINUS	

```
O O S X H L Q C X W F O L U C I U S
Y L C U I A X C O W X H N Y L U X P
K X A B R K E W L V G V A J Y C A G
N L N M L A L L W W J F K S D R Z Q
V I A E E E Z L H L D U E W I N P M
D D V I M C E A Y L U W C T A O Q O
G I A U S H H Z L I T C R D U L J Z
B N E H A H B S J G L P A T U B B D
B L A B A H L H T I L C S S J W I N
Q N I D A L A D N X P O L N H H U E
I M A C A N I U A U U U P O W I N O
I L E B A L S M L E K D S T L S H L
M L A B A I L O H E V A P U X F U X
I E E A H L T A E A Q A S A I S Y L
D L Q K D L R Y E D L F K O R J A V
U V I U O A F A K L K Z Y B L B X A
L L H I E T H D K F R R F R O Y E B
E X S K F T S X F U Y F X F R S X T
```

#24 THE LIFE OF MOSES

ACROSS
3 Israelites delivered from them (Ex. 3:18)
5 Cloud over Mt. Sinai for ___ days (Ex. 24:16)
6 Came ___ over Egypt (Ex. 10:22)
7 Where Moses died (Deut. 34:1)
9 Pharaoh's heart did this (Ex. 4:21)
10 Brother of Moses (Ex. 4:14)
11 Elim had twelve ___ (Ex. 15:27)
12 Pharaoh's ___ died (Ex. 11:5)
13 Prophetess (Ex. 15:20)
14 "___ sent you" (Ex. 3:14)
18 Slavery
19 Died during fifth plague (Ex. 9:6)
20 Painful swelling
23 Received on Mt. Sinai (Ex. 34:28)
25 Produced by fourth plague (Ex. 8:24)
26 Word for epidemic
27 Singular for lice

DOWN
1 Sprinkled on people (Ex. 24:8)
2 Aaron was Moses' ___ (Ex. 4:16)
4 Number of elders (Num. 11:16)
5 Turned into a rod (Ex. 4:3)
8 ___ bush (Ex. 3:2)
9 Moses stretched out ___ (Ex. 14:21)
13 Israel's first hero
15 This came out of rock (Ex. 17:6)
16 Moses' father-in-law (Ex. 3:1)
17 Moses ___ Red Sea (Ex. 14:21)
18 River turned into this (Ex. 7:20)
21 Moses' minister (Ex. 24:13)
22 Bread (Ex. 16:15)
24 He spoke face to face with God (Ex 33:11)

#25 BIBLICAL PEOPLE - M

MAAI	MARK	MICHAEL
MACHIR	MARTHA	MICHAL
MAGOG	MARY	MILCAH
MAHLAH	MATTHEW	MIRIAM
MAHLON	MEHETABEL	MOAB
MALACHI	MELECH	MORDECAI
MANASSEH	MENAHEM	MOSES
MANOAH	MERAB	MOZA
MARA	MICAH	

```
T O E S S C D F X A A G L T N M Y C
S L E A H C I M R N C M X F C I T E
Y T V L M R U R U X N T V Q C C I J
F W S V J I M M J W T W E O B A B Z
H C E L E M R E O M N E D G C H A R
Q I K W B P M I H Z E Y Q E C K R M
L B C P Y Y K D A A A H D W D H E O
I Q H A C L I M N M N R E D I D M A
F H P C Q V U N J J O E H T E U G B
V D K B H V G X M M R R M F A V G C
K M G M U A M O E A M I H X N B A B
U E A L A A L I G I A E H I F Y E W
M C R T R H A H M A S I H C A B L L
O B L K T R L A A S M C R H A Q A P
S Y N E A H N O A M A D T L M M H I
E L I M P O E N N L N R W A N D C U
S H S S A Z A W A I A C R U P I I W
M K N H Z M H M T M C Y L F V F M I
```

#26 BIBLICAL PEOPLE - N

NAAM
NABAL
NABOTH
NACHOR
NADAB
NAHAM
NAHARAI
NAHATH
NAHBI

NAHOR
NAHUM
NAOMI
NAPHTALI
NATHAN
NEBAI
NEBO
NEHEMIAH
NEHUSHTA

NEMUEL
NERIAH
NERO
NICODEMUS
NIMROD
NOADIAH
NOAH
NUN

```
O U L Z M A D O R M I N M V E R R V
H A I M E H E N A X Q C S O L T U L
Q T C E K G O N A P H T A L I A W U
M U N L Y V F Y J Z N W H I M T G Z
I P O X C U O M J A H K A B O H V Y
Z W A A N B R L J N T B Z N M S N U
D L H R U K E H D E E U E W R U O S
A Q K M N A N B T N F M Q K N H A U
K E D F R O H A N K U P A A T E D M
H Y N S L K I D L E I N H I I N I E
U T H A M A I F L L Z T N V M T A D
R D O A A A B C J I A E K O U G H O
H O H B R M H A Q N R A B E N O P C
B A H A A T J N N I R E M I A U J I
N A H C A N A T A Z N A U W O H Y N
Y A D H A H J H G Z F N H R M W L R
N Q A A B N Y Y H Q A F A O I K B Z
J N C I N W D J L E F M N I S R F T
```

#27 BIBLE LEXICON

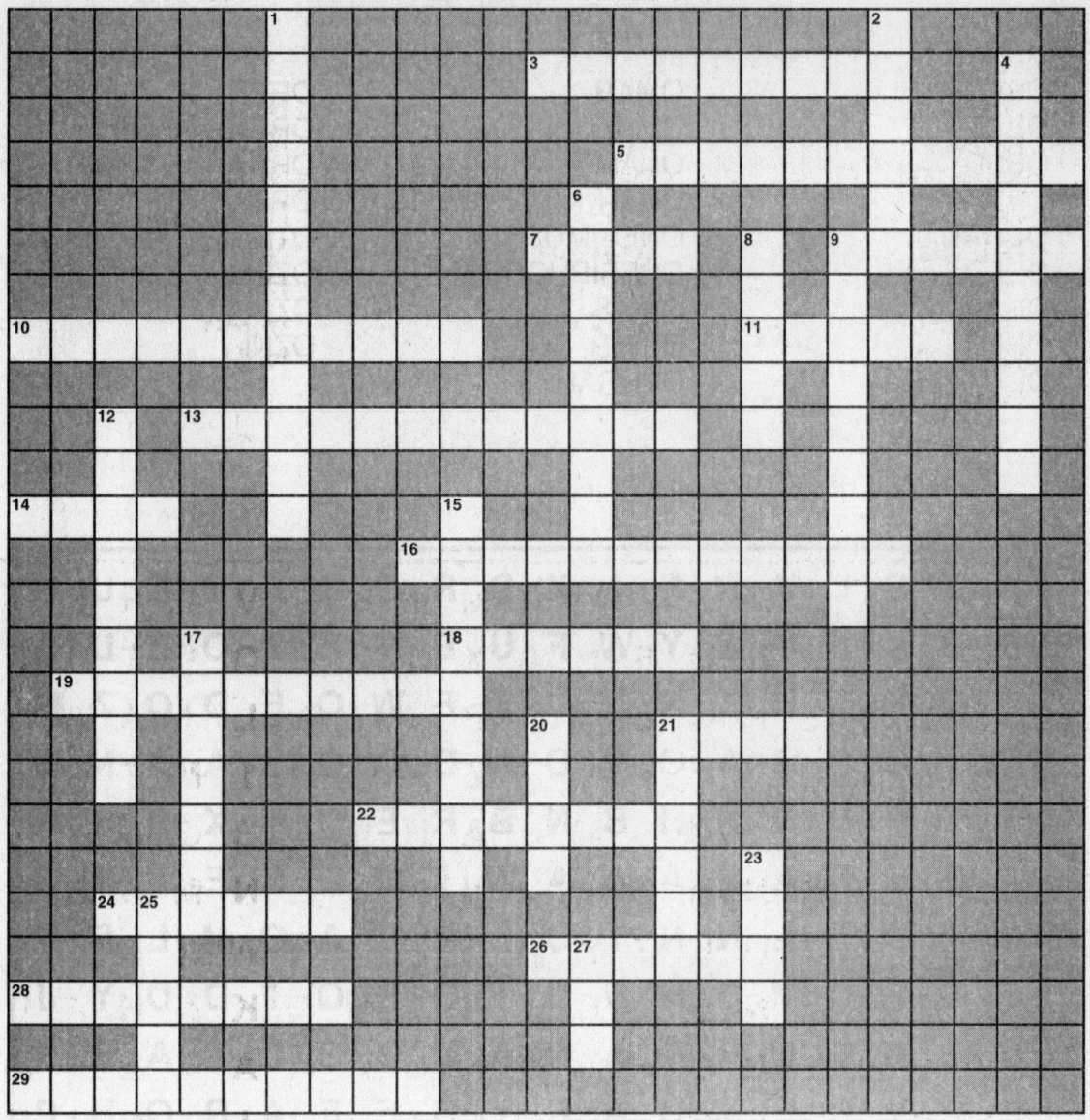

ACROSS
- 3 Oversees bishops (Acts 1:20)
- 5 Turning away from faith (Hos. 14:4)
- 7 Upper level of house (Acts 20:9)
- 9 Scorched (1 Tim. 4:2)
- 10 Outward expression of grief (Gen. 50:10)
- 11 Money or wealth (1 Sam. 8:3)
- 13 Room prepared for bride (Mk. 2:19)
- 14 Donkey's sound (Job 6:5)
- 16 Foreordain (Rom. 8:29)
- 18 Shrub found in marshes (Job 30:4)
- 19 Moving sandbank (Acts 27:17)
- 21 Tiny insects (Ps. 105:31)
- 22 Fragrant wood (SofS. 4:14)
- 24 To adhere closely (Deut. 10:20)
- 26 Cereal grain (Ruth 1:22)
- 28 Large water animal (Job 40:15-24)
- 29 Group of church elders (1 Tim. 4:14)

DOWN
- 1 Assembly for religious purposes (Ps. 22:22)
- 2 Secretary (2 Kgs. 12:10)
- 4 Set apart as holy (Num. 6:12)
- 6 Secondary wife
- 8 Yields milk (Gen. 32:15)
- 9 Coarse cloth (Rev. 6:12)
- 12 Blessings of Jesus (Mt. 5:3-12)
- 15 Sulfur (Gen. 19:24)
- 17 Whip with cords (Jn. 2:15)
- 20 Male wild swine (Ps. 80:13)
- 21 Over top of doorway (Amos 9:1)
- 23 Black and white stone (Ex. 28:20)
- 25 Flavorful vegetable (Num. 11:5)
- 27 Pointed tool for leather (Ex. 21:6)

#28 BIBLICAL PEOPLE - O

- OBADIAH
- OBAL
- OBED
- OBIL
- OCRAN
- ODED
- OHAD
- OHEL
- OLYMPAS
- OMAR
- OMRI
- ONAM
- ONAN
- ONESIMUS
- ONESIPHORUS
- ONIAS
- OPHIR
- OPHRAH
- OREB
- OREN
- ORNAN
- ORPAH
- OTHNIEL
- OZEM
- OZIAS
- OZNI

```
A Z E L X R F I X D R O R E B E U P
P B K J P E Y W F U E M E Z O E U S
O R P A H X N F V Z E W O E D Q Z M
I F C B B A O V O W D O O S A I N O
S X Y S N H H B N B R E O H X D S K
A E C R A Z A A A W I M D S E U K S
I V O F L N N I O L R L A O M L F T
Z O Q Q M O H N D I O P O I D D Y J
O L A G L R A A R A M B S C T A R R
P L V B E M U A R Y B E E A R O H P
Z J Q X I V M H L H N O S D L A O O
H Q I C N O Z O Q O P N S Y J R N W
U J I G H F L B I N Z O N A E O E Y
O E U O T M K R K L V U C N P M C E
L K Q U O E F W Q T F D T H U N A C
K O N E S I P H O R U S I N A W P L
N A I H H T X A I I U R A R B G X H
K W U K G O X W T F E C Q Q C N Q
```

#29 THE SONG OF MOSES
Deuteronomy 32

APPLE	FAMINE	POISON
ARROWS	FIRE	RAIN
COBRAS	GODS	ROCK
CURDS	HONEY	SAVIOR
DESERT	IDOLS	SWORD
DEW	LORD	VENOM
DOOM	MILK	VINE
EAGLE	NEST	VIPERS
ENEMY	PLAGUE	

```
G Z P K T E T V Q S H W A T U F L Q
S O H M K S I R G X E D W V X N J E
A C O W J P M J C N T F V G N I T D
V Q K D E S G Z I X B Q K H Q X W U
I E Q R P S Y V Z C K E R L X M Z W
O C S F G U N K P H S V Z V D C C G
R D R Q P Z C N B Z O E E C E M O T
S S O F F O Q D R O W S W M N N T X
H J L I R P Z H C D W D U Z J M O F
M X D R S N S Z A Y E D Q U V L E M
K O A E O D K A N R R L O B G I F S
Y I O S S P R E R O R W P O L Y Z I
N M I D L E S U L B C O D P F U R L
I O E A E T R S C Y O S W A A V C T
P J G N K A L T E T E C M S A X F X
R U M L E O G N W R O I L M C W O Z
E B I E D Q O L I E N H C Y N A B W
K M C I P H B F E E D P H Z U W Q Y
```

#30 FIRST CORINTHIANS 13

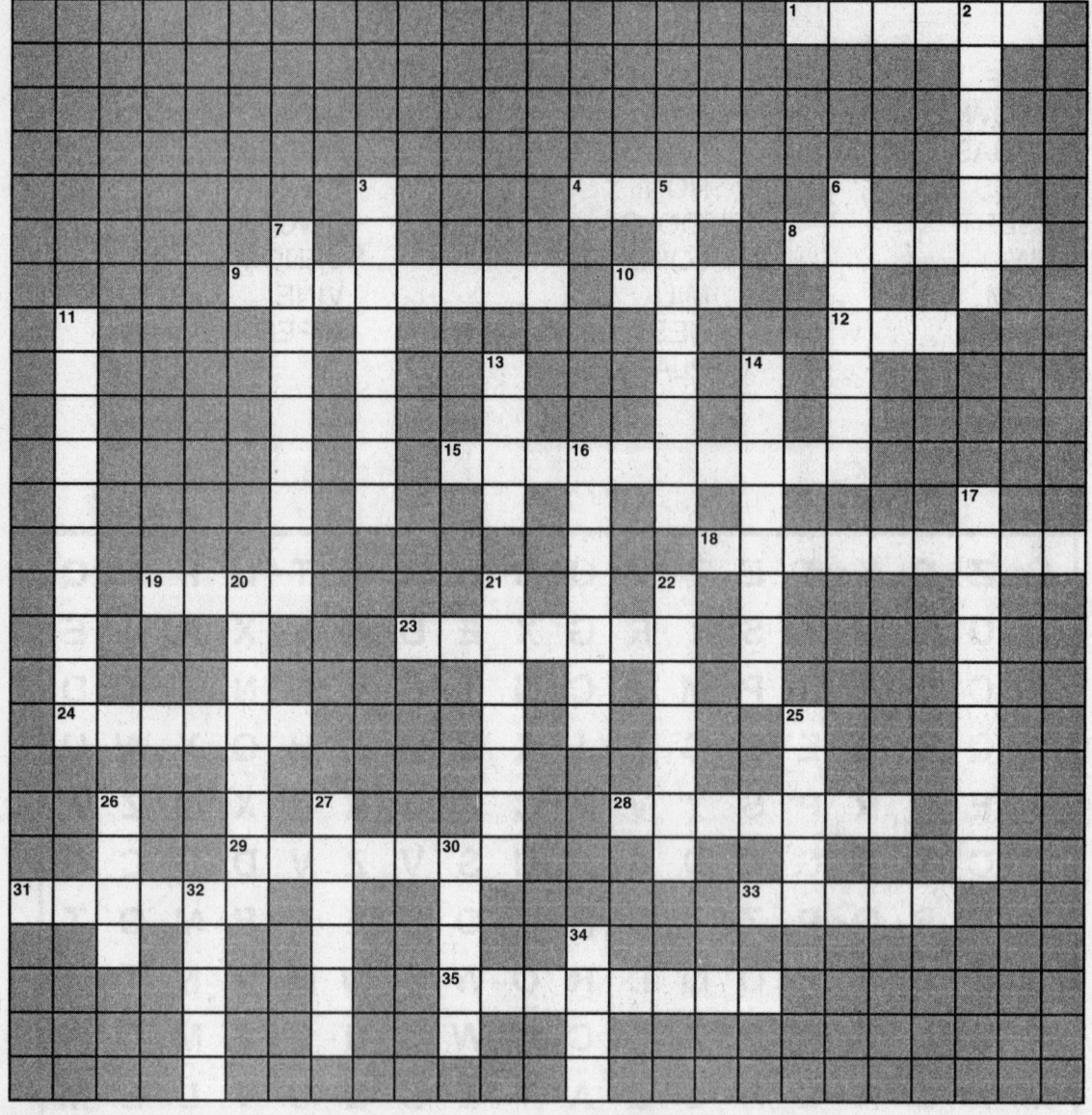

ACROSS
1 Is not ___ up (v. 4)
4 Faith, ___ and love (v. 13)
8 ___ all things (v. 7)
9 ___ all things (v. 7)
10 Book abbreviation
12 ___ is love
15 Predictions (v. 8)
18 Love ___ long (v. 4)
19 Eyes and nose locale (v. 12)
23 ___ all things (v. 7)
24 For now we see in a mirror ___ (v. 12)
28 The greatest of these is ___ (v. 13)
29 ___ not its own (v. 5)
31 Disappear (v. 8)
33 Not an adult (v. 11)
35 ___ no evil (v. 5)

DOWN
2 Love ___ not (v. 4)
3 Love ___ not itself (v. 4)
5 Is not easily ___ (v. 5)
6 Inside mouths (v. 8)
7 Understanding (v. 8)
11 I ___ as a child (v.11)
13 Section (v. 9)
14 Rejoiceth not in ___ (v. 6)
16 Nothing wrong (v. 10)
17 ___ all things (v. 7)
20 I put away ___ things (v. 11)
21 Love never ___ (v. 8)
22 I ___ as a child (v. 11)
25 ___ hope and love (v. 13)
26 Love is ___ (v. 4)
27 Doth not ___ itself unseemingly (v. 5)
30 Without lies (v. 6)
32 I ___ as a child (v. 11)
34 I ___ in part (v. 12)

#31 UNCLEAN FOOD SOURCES

- BAT
- CAMEL
- CHAMELEON
- CONEY
- CORMORANT
- EAGLE
- FALCON
- GECKO
- GULL
- HAWK
- HERON
- HOOPOE
- KITE
- LIZARD
- MONITOR
- OSPREY
- OWL
- PIG
- RABBIT
- RAT
- RAVEN
- SKINK
- STORK
- VULTURE
- WALKING INSECTS
- WEASEL

```
Y V G U H O C P T B C B Z U Q N Q O
R T O Q V Y U H K A X A M A E X S D
O W R G C T E W A U B Y M T B A X K
C N K U O C A N G M C B I E Q K G H
F O F S S H O U O N E K E X L L S D
D F O S I E L R O C E L W E H E T K
S T O R K L A R M O F L E C W L C N
I W G F M F E G P O L F R O S X E E
V Z W B D H A O L I R O T Y N G S V
L E B S M G O L Z E T A E F X H N A
T N R G S H E A C I T R N G K J I R
U I G U P E R C N O P N L T G P G U
F C B W T D C O K S N W A I X H N P
C Q V B K L M J O O O R P I M X I G
Z B I P A Z U A T L W E S K I N K Y
G V P N W R M V V U W B H J D G L Z
V T D Y M W R S K B F X F I U U A B
L S J A F L E S A E W P F A J J W L
```

#32 NOAH'S DESCENDANTS

ARAM	GOMER	MIZRAIM
ARPHAXAD	HAM	PELEG
ASHKENAZ	JAPHETH	PUT
ASSHUR	JAVAN	SHEBA
CANAAN	JOKTAN	SHELAH
CUSH	LUD	SHEM
DEDAN	MADAI	TIRAS
EBER	MAGOG	TUBAL
ELAM	MESHECH	

```
Y P X J W K X Q O U E Y L L K N F N
A O P E L E G T K B X I Y Z B C X A
W T X H P J K H P I M E S H E C H Q
G U H S H E B A U O N F H X J Q K G
P B J S K C J V T F T X R W G A H T
V A Y H M B Z C R B N J H H F N X U
O L Y E U D H A Z U M A A S I R J J
L E Z L L T D N N E H M A S U O K H
B D X A S A E A L E R S H N K C P R
M T G H A O M A X E K T S T A R V F
G A U J R C M A M A E H A A M C M M
I D J W I D N O R H H N S A V X I S
H R F Z T Y G A P A N P D A B F Z H
X M G J B J E A D A U A R M K K R E
B I G R T T J B V E I Q A A K U A M
U F E I A Q I A E D D G T L C R I N
E Q W O G I J V U R O C E X E W M J
S E Z C W O Y L V G X K L P M F B H
```

#33 MIRACLES AND MOSES

ACROSS
1. Who blew the wind? (Ex. 10:16-20)
3. Nile turned to ___ (Ex. 7:19-25)
8. Consumed the offerings (Lev. 9:22-24)
9. Moses ___ and fire died down (Num. 11:1-2)
10. Parted Red Sea (Ex. 14:21)
11. Appeared with Moses and Elijah (Lk. 9:28-36)
13. Kind of tree (Num. 17)
15. Slain by angel of death (Ex. 12:29-30)
18. Moses' hand became ___ (Ex. 4:7)
19. Came off chariots (Ex. 14:23-25)
23. Offered to stop plague (Num. 16:46-50)
25. Came from a rock (Num. 20:1-11)
26. Caused the boils? (Ex. 9:8-12)

DOWN
1. Its blood kept death away (Ex. 12:21-30)
2. Insect plague (Ex. 10:12-15)
4. Dust became ___ (Ex. 8:16-17)
5. Made water sweet (Ex. 15:23-25)
6. Bread from heaven (Ex. 16:14-15)
7. Plague on camels and ___ (Ex. 9:1-7)
12. Swallowed Korah (Num. 16:28-33)
13. His rod ate sorcerer's snake (Ex. 7:10-12)
14. Men offered incense were ___ (Num. 16:16-18)
15. Came in droves (Ex. 8:5-7)
16. Darkness lasted ___ days (Ex. 10:21-23)
17. Mounted on a pole (Num. 21:5-9)
20. Did not fall in Goshen (Ex. 9:26)
21. Turned into serpent (Ex. 4:2-4)
22. Made leprous then healed (Num. 12)
24. Hid the Israelites (Ex. 14:19-20)

#34 CITIES OF DAN AND NAPHTALI

ADAMAH	HAMMATH	MEJARKON
ASNOTH	HAZOR	RAKKATH
DAN	HOREM	RAKKON
EDREI	HUKKOK	RAMAH
EKRON	ITHLAH	SHAALABBIN
ELON	JEHUD	ZER
ELTEKEH	KEDESH	ZIMNAH
ESHTAOL	KINNERETH	ZORAH
GIBBETHON	LAKKUM	

```
S Q W M E R O H H A M A R B C N G N
H H V I D E U E R O G Z U E O Z H A
A D T X E W K B L E S U W K M A I H
A A H O R R L R E O H R R U M U I T
L B D V N U D S O E N A K M B I T E
A U C A V S H E K N J K A X T G H R
B P M O M T A E R E A T R H Z T L E
B P X T A A T D M L H H P E Y X A N
I D Y O R L H D A X O Y R O Z B H N
N U L D E H J Q C N Q F N O D E R I
G H E C S Z I M N A H K Z K Z K F K
D E U E G I B B E T H O N X O A U G
U J D D F N H O B H R V F K I V H J
M E U I J K L P G A R G K D N R S M
K J X K V A N G H W H B U V W J J K P
N O K K A R R U K K H T A Z S P Y T
V A X U M N G H R G P J W G Q C H F
A M P H T A K K A R V X T N X V V H
```

#35 CITIES OF ZEBULUN, ISSACHAR AND MANASSEH

BETHLEHEM
DABERATH
DOR
EBEZ
ENDOR
ENGANNIM
ENHADDAH
ETHKAZIN
HEPHER
IDALAH
JAPHIA
JEZREEL
KATLATH
KISHION
MARALAH
MEGGIDO
NAHALAL
NAPHOTH
NEAH
PAZZEZ
REMETH
SARID
SHIMRON
SHION
SHUNEM
TABOR

```
G A E I B K P S D A B E R A T H U E
Q M E N U H S U W T E M R D M G Z Q
E U Q O A I H P A J B Q M A O S L P
T T L D L U U M W B E Q R N Z U Z T
H A D I R A S I H A Z A W U W N N M
K C Y G E A E N A A L C K T K O R A
A M R G C C H N U A E C W M R I O X
Z B E E G H T A H A V N E G C H D Q
I V M M F N A G B K S H W B K S N L
N R E Y N C L N D L E E R Z E J E Q
Q K T R A S T E X L Y I Q K P F N W
C I H U P Z A I H V Z E C E E D O R
E S R R H Z K T W E T H I D A L A H
U H W H O U E S Z X E T G P P G S Y
J I B W T B Z Z A P M S H I M R O N
T O Z Z H C A I H K Q B E Y S S N D
U N W T K P L E N H A D D A H A G C
D C T A B O R L A L A H A N M C A V
```

#36 NAMES OF JESUS

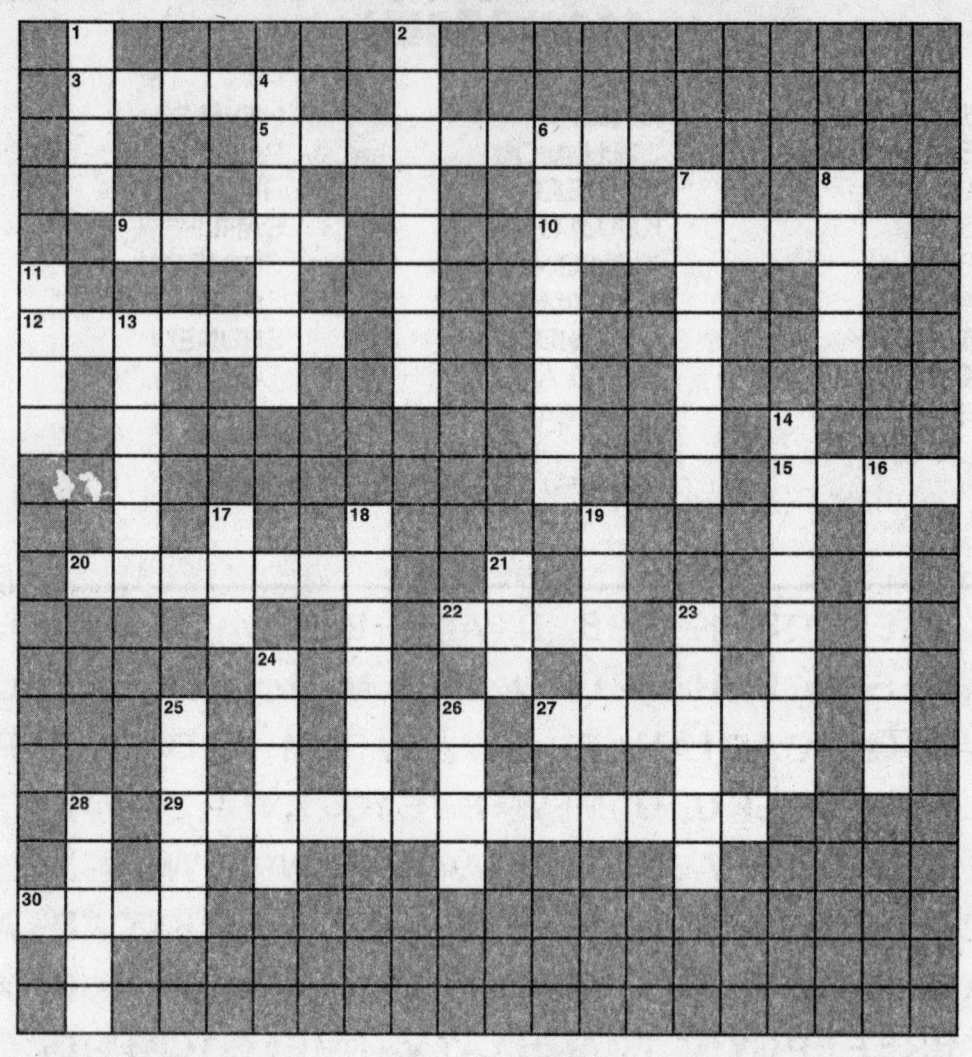

ACROSS
3 Alpha and ___ (Rev. 1:8)
5 The ___ and the end (Rev. 1:8)
9 The ___ of life (Jn. 6:35)
10 One ___ between God and men (1 Tim. 2:5)
12 I know that ___ cometh (Jn. 4:25)
15 The ___ of God (John 1:29)
20 Remember now thy ___ (Ecc. 12:1)
22 The ___ of lords (Rev. 19:16)
27 Thou art the ___ (Mt. 16:16)
29 The Lord our ___ (Jer. 23:6)
30 The ___ of David (Rev. 22:16)

DOWN
1 Solid mineral deposits (Deut. 32:4)
2 ___ and true (Rev. 19:11)
4 Son of ___ (Mt. 1:1)
6 Call His name ___ (Isa. 7:14)
7 Faithful and true ___ (Rev. 3:14)
8 The ___ of God (Rev. 19:13)
11 These things saith the ___ (Rev. 3:14)
13 The ___ of the world (1 Jn. 4:14)
14 The Lord ___ (Rev. 1:8)
16 The bright ___ star (Rev. 22:16)
17 The son of ___ (Rev. 1:13)
18 God will raise unto thee a ___ (Deut. 18:15)
19 Lion of the tribe of ___ (Rev. 5:5)
21 The ___ of God (Rev. 2:18)
23 High ___ of our confession (Heb. 3:1)
24 King of ___ (Rev. 19:16)
25 The ___ and the last (Rev. 1:17)
26 I am the ___ (Jn. 10:9)
28 Lord of ___ (1 Cor. 2:8)

#37 CITIES OF ASHER AND EPHRAIM

ABDON	HALI	NAARAH
ACSHAPH	HAMMON	NEIEL
ADDAR	HOSAH	REHOB
AMAD	IPHTAHEL	SHIHOR
APHEK	JANOAH	SHILOH
ATATROTH	KANAH	SIDON
BETHEMEK	LIBNATH	TYRE
BETIN	LUZ	UMMAH
GEZER	MISHAL	

```
K G H Q M F O X R E H O B H L O T Y
G H H G R Q H H A M N F O N M P S Q
R O W B F A A P G B V R I E P L I M
L L B W K L D E A U D K Y H X V X R
E I Z N I E Z D N H E O T T H H C F
H H Y W V E H I A M S O N N E R J J
A S N H R U T P E D R C O C H O P T
T S F P Y E M H A T A M A O D H C Y
H Z G K B P T M A Q M M S E L I H R
P H S J G E V T A A J A A R Q H O E
I T U A B Z A F H H H H Z M Q S S M H
N A R N F V R H W L Y H N W M H G A
G N E O K P F G A T X N O Q H L I R
I B V A U Z U H K U L P D X W I M A
V I I H Q F S W A M E T I Y R Q O A
M L W X T I Y L N R I R S G D F K N
W C Q Q M Z U L A R E T S I L K U P
E A D G O Y K W H E N H X C C U W Q
```

#38 CITIES OF SIMEON AND BENJAMIN

AIN
AMMONI
ASHAN
BALAH
BATHHOGLAH
BETHARBAH
BETHEL
BETHUL
ELTODAD
ENEKKEZIZ
EZEM
GEBA
GIBEON
HORMAH
IRPEEL
JERICHO
KEPHAR
KIRIATH
MOLODAH
MOZAH
PARAH
RAMAH
REKEM
SHEBA
ZELAH
ZEMARAIM

```
Z Z I Z E K K E N E Z I X Y N Z A W
N M T O F W H E D W A O B Y B A G V
V G E B A R L L U A L S H A N U O B
K O Q V U T A M J S I P H C L P P H
E Y N N O C H M O M O N P A I A A Y
P Y Q D R E S B A E C V A U N R H V
H J A H A L G O H H T A B M A R E K
A D N U J C V S Y Q M H H P M C W J
R B K M Y K H O I I T A X D L O B X
P E D O L P Q Y A A B W X M T V N V
A T N Z E C L R I R G H O R M A H I
W H O A H J A R A M O L O D A H Y D
M U E H T M I H L Q F P V W N A Z K
Z L B S E K T E M E M A R N B V E O
L E I Z B E S I E I E Y C E H O W J
C E G C B E J E K F Z P H C F M L Q
R R Y Z E L A H E R E S R J A N H V
N I V E N D N T R F I R Y I T L P S
```

#39 BOOKS OF THE OLD TESTAMENT

ACROSS
- 4 About Lord's anger against Nineveh
- 7 Contemporary of Haggai
- 9 About Moses' successor
- 10 Records about kings
- 11 Announced that "day of the Lord is coming"
- 13 Proves God's faithfulness amid struggles
- 16 Book of poems and songs
- 17 About an initially disobedient man
- 18 About King Saul and coming of David
- 20 "Everything is meaningless"
- 23 Means "God is strong"
- 25 Last book
- 27 Means "servant of Jehovah"
- 28 Represents Israel's unfaithfulness
- 29 Two books about royalty

DOWN
- 1 Reminder to Israel of God's work for them
- 2 "The Beginning"
- 3 Dialog between God and the author
- 5 Prophet warned of judgment on Jerusalem
- 6 Message to build God's temple
- 8 Author is the "Weeping Prophet"
- 9 Israel's sin, punishment, forgiveness
- 12 About Israel preparing for Promised Land
- 14 Dreamer and interpreter
- 15 Named after a queen
- 19 Israel returns from captivity
- 21 Prophesies of the Kingdom of Heaven
- 22 Means exit or departure
- 24 About a woman's family history
- 26 Means "burden" or "burden bearer"

#40 BIBLE GATES

ASHER
BEAUTIFUL
BENJAMIN
DAN
DUNG
EKRON
EPHRAIM
FISH
FOUNTAIN
GAD
HORSE
ISSACHAR
JESHANAH
JOSEPH
JUDAH
LEVI
NAPHTALI
REUBEN
SAMARIA
SHALLEKETH
SHEEP
SIMEON
SUR
VALLEY
WATER
ZEBULUN

```
K B C G Y L N U L U B E Z G D X D B
V R R N B B N F W T R S A K X V T S
U N Y N V V R S L B M E C Z X K R N
P N E A Q Y G D U X E C H U W A D L
M E P B D Z D A X N O A F S H U E F
F L Q K U I N O P N I J U C A S Z O
N U M M Z E E F Z D W M A T R S F R
O U N E J H R S M D A S A O I O C B
O N O E M I S I Z N S N H J U F H E
N A P H T A L I T I O G D N N A U F
C U S B X C K E R M A R T U N E F L
I V T E Z W O Z E D I A K A N H B W
W B R H Y W B K T H I A H E P G J O
E A U Y E V X R A N S S R E Q U P L
W X S N L U W F W G E I S H D X E Y
M L A U L V V S J J Z O F A P V E O
S S A M A R I A U J J J Y H Y I E H Q
M E X Q V H T E K E L L A H S N S L
```

#41 THE TRANSFIGURATION

- APPEARED
- BRIGHT
- CHANGED
- CLOTHES
- CLOUD
- DISCIPLES
- ELIJAH
- FACE
- FELL
- GLORY
- JAMES
- JESUS
- JOHN
- LIGHT
- MOSES
- MOUNTAIN
- PETER
- PRAY
- SHONE
- SON
- SPLENDOR
- SUN
- TERRIFIED
- TRANSFIGURED
- VOICE
- WHITE

```
E D U S P L E N D O R E N V S J Q O
W N N B J I D I S C I P L E S G D X
C L Q K F T P T P T O Q S J J G H H
S D G R S I E C H W G I Q P H Z A D
F E U P D U G H C G C K C Z Q H E E
N K G N N S J A T H I L G L J J E I
O B R V U C O J B A A L O J O M J F
S C F X U S A I Y R S N K T K U T I
E K L M I U P L D R I D G T H H D R
M P E T E R N E L E O G J E I E H R
A F T X Q U O T F T R L H Q D M S E
J G Z E H A S U S J J A G T V O X T
T R A N S F I G U R E D E C W U C O
O T O U E V D E F M V S Z P L N C H
S H O N E U T A Q O L M U L P T P W
K H I C W I C K I S H V E S T A R Z
V Q A C H E Z C M E E F U S K I A P
A I Q W J B E F P S J O H N L N Y N
```

#42 THE STORY OF NOAH: Genesis 6-9

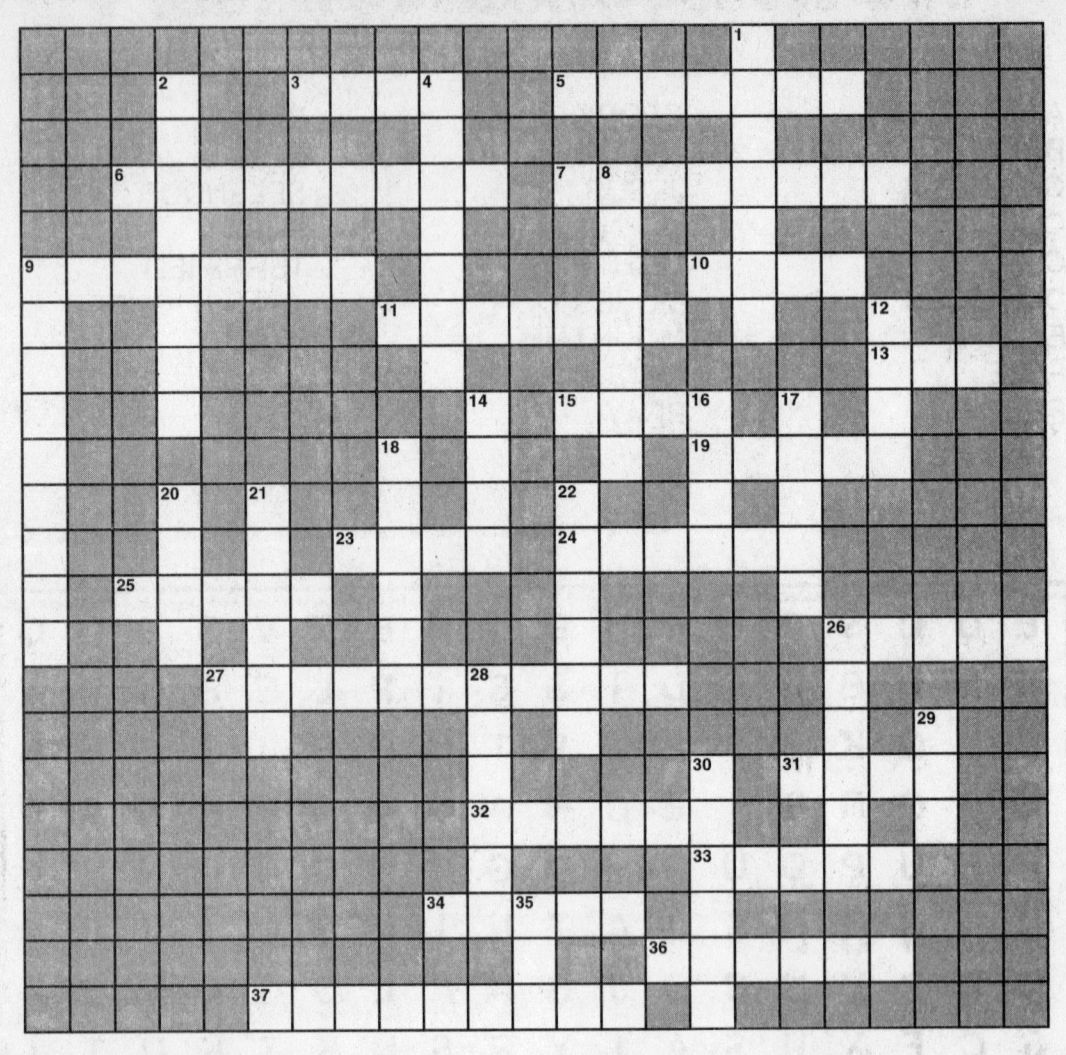

ACROSS
3. Who God asked to build ark
5. Type of wood
6. Water rose twenty feet above ___
7. God told Noah's family to be ___ and multiply
9. God made a ___ with Noah (6:18)
10. Ark was 450 feet ___
11. Windows of the ___ were opened (7:11)
13. God told Noah to build an ___
15. Noah was to bring ___ for all animals
19. Dove brought back an ___ leaf
23. Noah sent out a ___ and it didn't return
24. Mountain that ark landed on after the flood
25. Ark was to have ___ for families and animals
26. It rained for ___ days and nights
27. I'm going to bring ___ on the earth (6:17)
31. ___ fell on earth for forty days and nights
32. Ark was to have upper, ___ and lower decks
33. First bird Noah sent out of ark was ___
34. Opposite of "to leave the same"
36. Ark helped Noah ___ the flood
37. Noah was a ___ man

DOWN
1. Flood was to ___ both man and animals
2. Earth was full of ___ (6:13)
4. Noah was six ___ years old when it rained
8. ___ is sign of covenant made
9. Bring into ark two of all living ___ (6:19)
12. ___ and female entered the ark (7:9)
14. Ark was 75 feet ___
16. Put a ___ on side of the ark (6:16)
17. Waters flooded for a hundred and ___ days
18. ...every living creature moves on ___ (6:20)
20. Ark was to have a ___ to cover top
21. God told Noah that his ___ could come
22. Noah ___ with God
26. Animals were both male and ___
28. Noah was to bring two kind of every ___
29. I'm going to put an ___ to all people (6:13)
30. Everything on earth will ___ (6:17)
35. How many of each animal did Noah bring

#43 JESUS' GENEALOGY: Luke 1

ADAM	HEZRON	NAGGAI
AMOS	JANNAI	NAHSHON
ARPHAXAD	JODA	NOAH
BOAZ	JONAM	PELEG
COSAM	JORIM	RHESA
DAVID	MAHALALEL	SEMEIN
ELIEZER	MELEA	SHEALTIEL
ESLI	MELKI	SHELAH
HELI	MENNA	

```
J D L D I X P M R D V B I M T F F U
J I A L W K A S M I A M O H A Y D F
Y A V E M N L H U A V X E A J S J B
Y M S L R D I E D J D Z A I Z O O T
A S E A J K Z F M I R A A H N Q C C
D K M L L V H G E O V N S A P F X I
A T E A E V F O N L N A M O A R S P
N L I H I A I I I A I A D C M K A L
N P N A T Y W C J L D E M R S A T C
E B V M L B W I I O S I Z M M L L Q
M I O Q A H Y E J L R E U E E V P D
V D I L E W I Q A O E G R N R V E H
R N A O H Q M D J U F H A S F J L L
T R G T S Z C V S Y E H Y G N E E M
V O G A B W B J G S S C Z S I G G E
G X A U S H E L A H U X F D G I F L
H F N G I R Z H O V J A S D H I I F
N O A H E O A N U F M G J R X D T F
```

#44 JESUS' GENEALOGY: Luke 2

- ABRAHAM
- ADDI
- ELIAKIM
- ELMADAM
- ENOCH
- ISAAC
- JACOB
- JARED
- JESSE
- JOSECH
- JOSEPH
- JOSHUA
- JUDAH
- LAMECH
- LEVI
- MAATH
- MATTHAT
- NAHOR
- NAHUM
- NERI
- OBED
- PEREZ
- SERUG
- SETH
- TERAH
- ZERUBBABEL

```
K S X L U I G G C G L T F O B E D R
Y E E R D K J T M U A E I L R X B G
B T Y N Y T L G O M Y P E R E Z A E
J H W Q U A L E B A B B U R E Z U N
S K U V D S H A R E T T M I U Z V W
P I I U E A M E M B A L A T A N P A
M Q D S Z L R I M A K D O D K U F M
D N J M A O M A K J H I D J A C I H
R T M A H A T A V A V A U I J D E B
H N H A R T C E D E I D R I O T E Q
V R N C H E M B L A A L R B D T E Q
Y E J A E A D L O H M E E L A Z Z W
D U T O A S A J J C N H Z O M B T Y
H Q E T S M O O E M A U C B U Q E W
T U H F E E S J U S H J L O C X U A
S I T C K H P H L Z S B P C N A W J
K W H T U B A H Z Q O E G M K E D I
V J M A R N U D F D T G S E R U G H
```

#45 PARABLE OF THE PRODIGAL SON: Luke 15

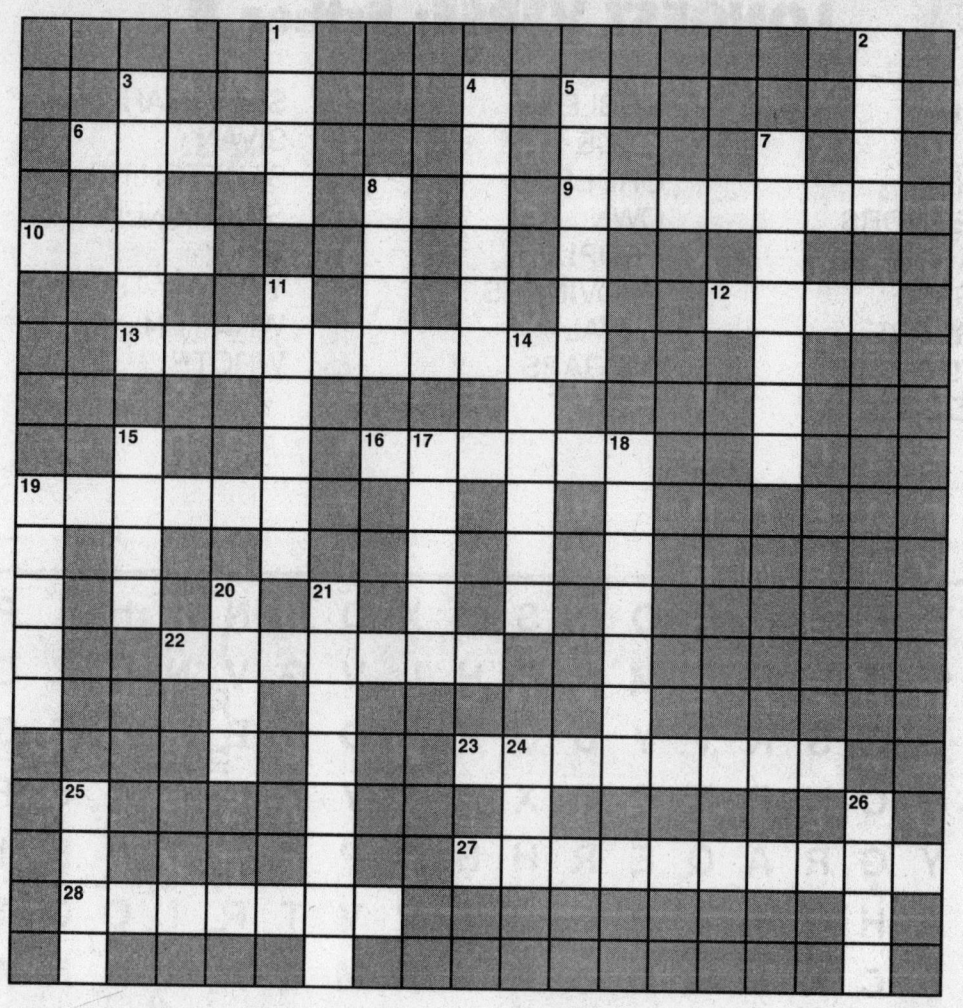

ACROSS
6 Son was dead, but is ___ again (v. 24)
9 Hard work (v. 29)
10 Celebration animal
12 Younger son had a ___ living
13 Younger son did with his wealth
16 With value (v. 19)
19 Sinned against ___ and you (v. 21)
22 Set off for a distant ___
23 Very hungry (v. 17)
27 His father was killed with ___
28 Older brother heard music and ___

DOWN
1 Son's job was to ___ pigs
2 Put on son's hand on his return
3 Constant (v. 31)
4 Who was happy when son returned
5 Father ___ his son when he returned
7 Father ___ the property
8 Son was ___ and is now alive again
11 ___ swept through land and son had no food
14 Part of inheritance (v. 12)
15 His father killed the fattened ___
17 Son's ___ brother was jealous
18 Son that took his inheritance early
19 His father's ___ men
20 Garment (v. 22)
21 No one gave him ___ to eat
24 How many sons did the father have
25 Son longed to fill stomach with ___
26 Son was ___ , but is found

#46 WORDS FROM THE BIBLE'S LONGEST VERSE: Esther 8

CUSH
DAY
EACH
GOVERNORS
INDIA
JEWS
LANGUAGE
MONTH
MORDECAI

NOBLES
ONCE
ORDERS
OWN
PEOPLE
PROVINCES
ROYAL
SATRAPS
SCRIPT

SECRETARIES
SIVAN
STRETCHING
SUMMONED
THEY
TWENTY-THIRD
WRITTEN
WROTE

```
S S R E D R O Q S Y X D L N I H I P
U M Z S R C M R B H L V G V N C Z C
R S W S R V Y D D F A D D B E J T G
A G C K P X P O X Z Y Y Z H T I S F
E Y G R A Q E R H B O P Y X T U E I
P A H O I I P G O T R V T R I O C T
C E C K V P D G A V N M Q W R B R W
I U O H N E T N N U I O O P W G E E
D I S P G Q R R I I G N M W M R T N
Y K F H L Z I N D S H N C A N D A T
W I V U Y E S S O M W C A E M V R Y
R H G Z O A N U P R O E T L S L I T
O N A V I S D T M A S R J E Q R E H
T Q Z Y N R O V W M R Y D M R C S I
E F M S R U H N S I O T I E Z T R R
L N S E L B O N C Y I N A Q C W S D
J G V K K Q O E Z E E Z E S I A P L
U R S W T H E Y N Z Q T F D F M I C
```

#47 THE LORD'S PRAYER
Matthew 6:9-13

- ALSO
- BREAD
- COME
- DAILY
- DEBTORS
- DEBTS
- DELIVER
- DONE
- EARTH
- EVIL
- FATHER
- FORGIVEN
- FORGIVE US
- FROM
- GIVE
- HALLOWED
- HEAVEN
- KINGDOM
- LEAD
- NAME
- ONE
- PRAY
- TEMPTATION
- TODAY
- WILL
- YOUR

```
M U U E O R L O Q E D D B D Y A R D
Y T F R A V E U S I M E E A E A N S
F E E O U R C V I L Y O D B S B R F
O M F U R O T Q I I A A C X T F T P
X P R O W G Y H H L E D Y D D O U S
O T M I R R I L E L E V A T A R R N
V A I O W G V V K V W D Y E L I R S
W T D Y R E I I E K I Z E L R G L T
O I D E M F N V K N G L K N J B H Y
P O H A W G E C E H L B R J O N Y Q
X N N E D O H V R U J M B E X D W A
X N L O A S L Y I S S Z U U H N Y D
A M M L K V A L O G A G V A Y T T L
E X T C I D E N A T I J E L B J A B
R S S K O W E N J H X D X R T R K F
M Z I T Z X H L B B Y R H M X K R H
L V N I R T P Q Z Y L D L D X N B A
P L V O K P Y O E K M J C K L I F G
```

#48 BIBLICAL OCCUPATIONS

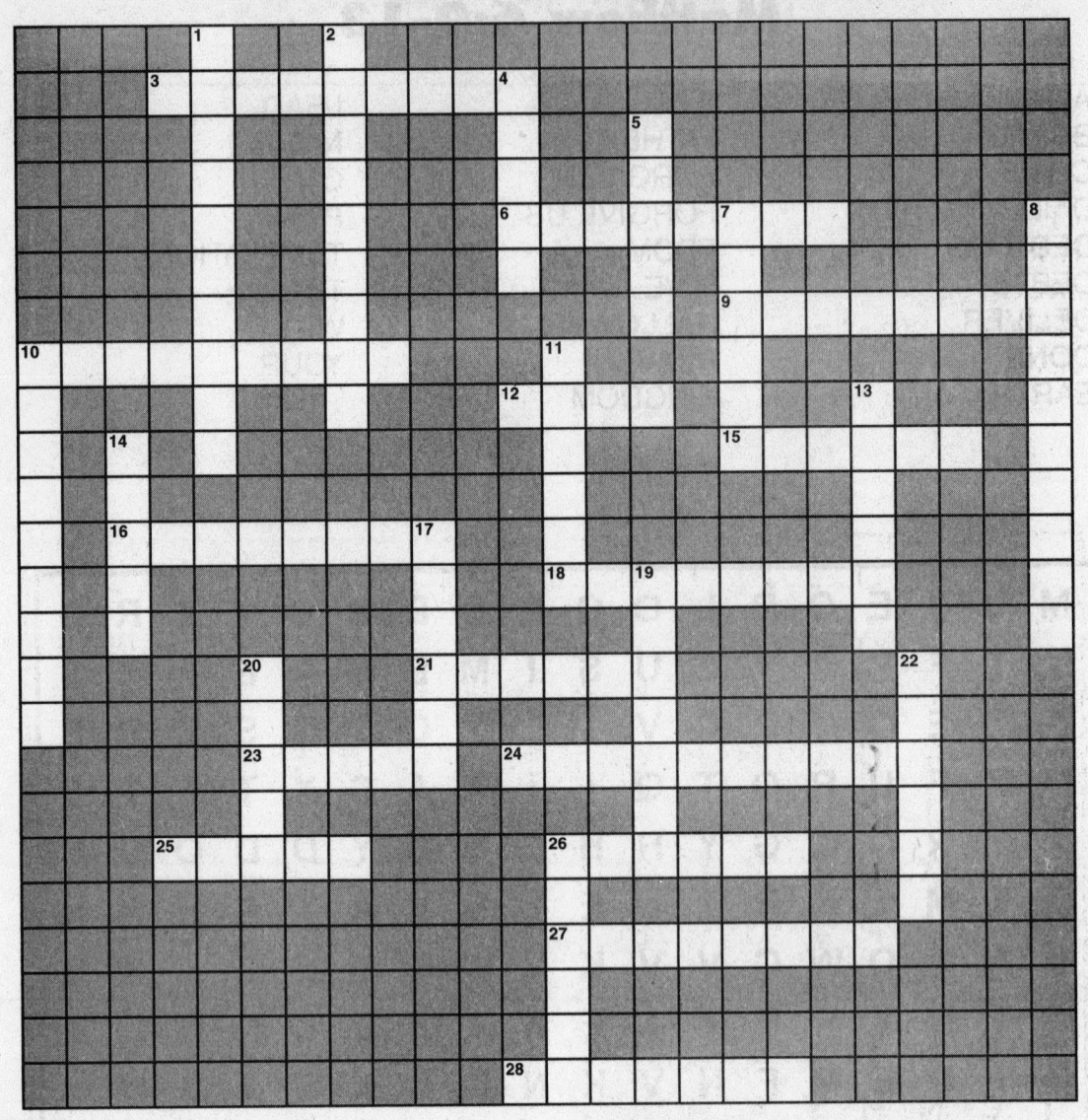

ACROSS
- 3 Casts nets from boats (Lk. 5:2)
- 6 Divided clothing of Jesus (Jn. 19:23)
- 9 Property owner (Lk. 19:12)
- 10 Measures with a ruler (Isa. 44:13)
- 12 Israel asked for one (1 Sam. 8:5)
- 15 Rahab was known as a ___ (Heb. 11:31)
- 16 David as a boy (1 Sam. 17:40)
- 18 Followers of Christ (Mt. 27:57)
- 21 Cain was this (Gen. 4:2)
- 23 Was hanged as Joseph said ___ (Gen. 40:22)
- 24 Spoke for another person (2 Chr. 32:31)
- 25 Comes to steal and kill (Jn. 10:10)
- 26 Head servant of Pharaoh (Gen. 40:2)
- 27 Joseph was in Egypt (Gen. 42:6)
- 28 Dreamer of dreams (Deut. 13:3)

DOWN
- 1 Caiaphas held this position (Mt. 26:57)
- 2 Aquila and Priscilla (Acts. 18:2-3)
- 4 Moses' real mother's occupation (Ex. 2:7)
- 5 Deborah was one (Judg. 4:4)
- 7 In charge of Queen's treasure (Acts 8:27)
- 8 Ruth was seen as one (Ruth 2:13)
- 10 Nehemiah's position to king (Neh. 1:11)
- 11 Consulting one is evil (Lev. 20:6)
- 13 Israelites were these in Egypt (Ex. 1:13)
- 14 Stone worker (2 Chr. 24:12)
- 17 Very learned man; teacher (Lk. 2:46)
- 19 Paul considered himself one (Rom. 1:1)
- 20 Another word for teacher (Jn. 3:2)
- 22 Wrote and copied text (Jer. 8:8)
- 26 Laid at city gates (Lk. 16:20)

#49 WOMAN AT THE WELL
John 4:1-26

DEEP
DRAW
DRINK
ETERNAL LIFE
GIFT OF GOD
HUSBANDS
JACOB
JESUS
JEWS

JOURNEY
MESSIAH
MOUNTAIN
PLACE
PROPHET
SAMARIA
SAMARITANS
SAT DOWN
SIXTH HOUR

SPRING
SYCHAR
THIRSTY
TIRED
WATER
WELL
WOMAN
WORSHIP

```
J B D D E R I T F T Z N A Y T A V O
S A M A R I A J E D I F H L L E W R
E R O Z Z S E H F A S A T D O W N Z
S F M C D W P W T K J C S U S E J Z
T G I C S O Q N O O C F R N L B S N
H F X L R Y U B U K Z W S D E M G L
I T Q P L O Q R X K N V A D E R Q I
R Z O C M A N U R Q B I B R N E J A
S D S I H E N A W U O N R M D W P P
T C N H Y A H R V T C J C D O N L V
Y S A P G C I R E U A J F R L A Y Q
P D T H Y U X S X T J M S W C H W P
A N I S P M N A S P E H Q E O A C L
H A R E F U Y B S E I W E J T M Q R
O B A H B T C B I P M T K E X F A F
B S M M Y G N I R P S W R N R I G N
W U A R X E D O G F O T F I G A A V
D H S Q S I X T H H O U R C F E M M
```

#50 OLD TESTAMENT PROPHETS

AHIJAH
AMOS
DANIEL
DAVID
DEBORAH
ELIJAH
ELISHA
EZEKIEL
GAD

HABAKKUK
HAGGAI
HOSEA
HULDAH
ISAIAH
JEREMIAH
JOEL
JONAH
MALACHI

MICAH
MOSES
NAHUM
NATHAN
OBADIAH
SAMUEL
ZECHARIAH
ZEPHANIAH

```
F H A J I L E X Z J V Y J H N I J J
Q Z H A I R A H C E Z A C M A X Q C
P O P W L E I K E Z E U E P L C R O
B G B U M V E R E O I A N S M X I G
L G H A N O J X Q H U E O E O H O M
Q E H B D T Z O E V L G D N I H V H
N K U I E I I N H A P E V A Y N U F
X K N M S A N J U M C I K V L P J
Q D K X A Y Y H A A D O C N D I P O
I K J I H S I G A H H U S A A L D N
T A A V T G F Q A P U I H U D D I H
V H G A A P G C M D E M J D D C S A
O F S G N G D E B O R A H A C A A B
Y E I X A J E R E M I A H E H J H A
K N I K Z H G K X X S E S O M I S K
X Q X Y L E O J K F A D D T T T I K
D X T W R H Z E P H A N I A H I L U
M A L A C H I B C M D W R H M K E K
```

#51 THE ANOINTING OF DAVID

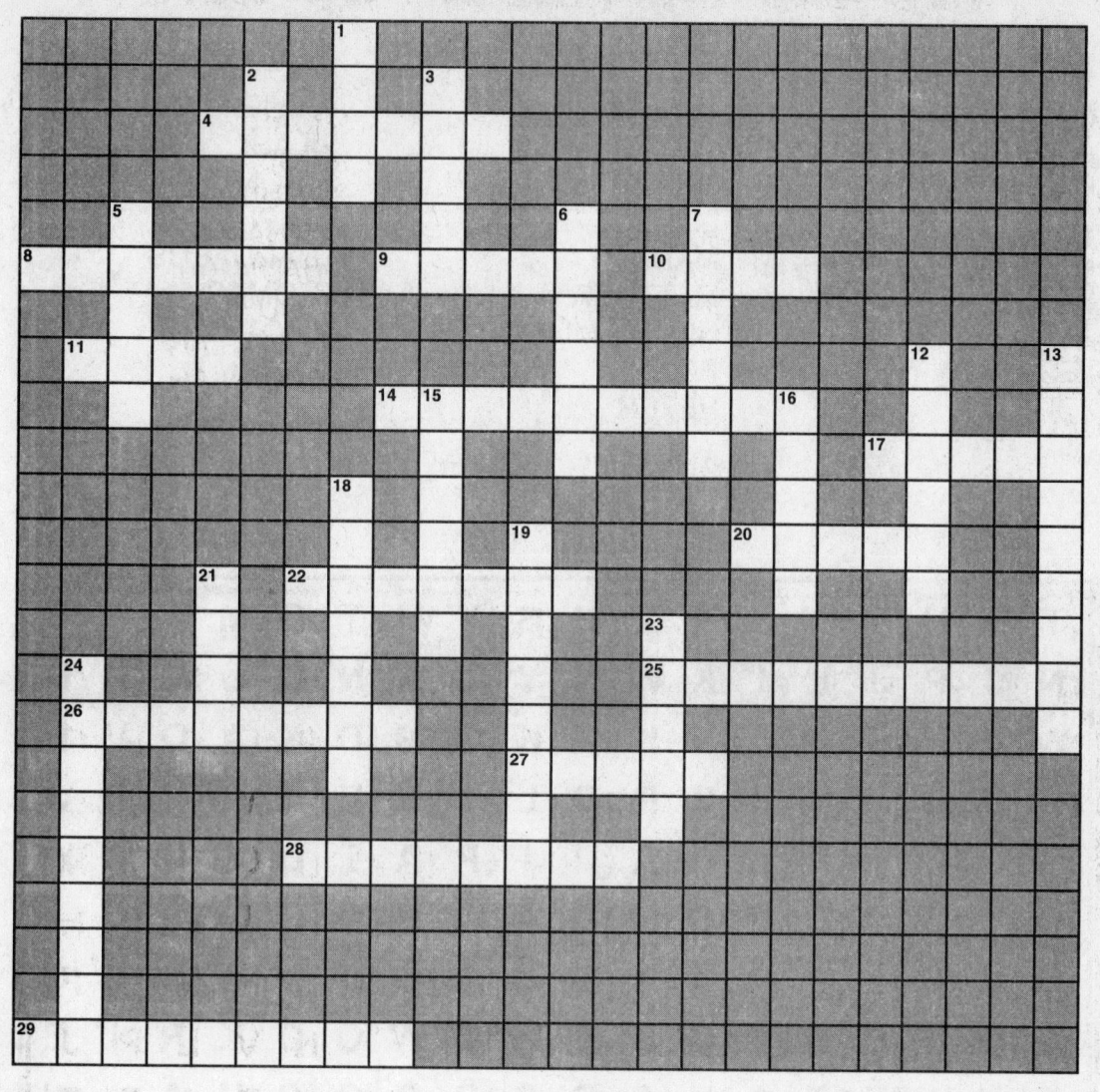

ACROSS
- 4 Samuel ___ for Saul (1 Sam. 15:35)
- 8 God was ___ with David
- 9 "Do you come in ___?" (1 Sam. 16:4)
- 10 King gone bad
- 11 Became a bearer of this (1 Sam. 16:21)
- 14 Saul sent these to Jesse (1 Sam. 16:19)
- 17 Spirit of God came on David in ___
- 20 Number of sons Jesse called
- 22 David was a ___ (1 Sam. 16:18)
- 25 Do not consider this (1 Sam. 16:7)
- 26 Second son Jesse called (1 Sam. 16:8)
- 27 Samuel's first choice (1 Sam. 16:6)
- 28 The spirit had ___ from Saul (1 Sam. 16:14)
- 29 David's home (1 Sam. 16:4)

DOWN
- 1 Saul wanted to hear the ___ (1 Sam. 16:23)
- 2 Jesse sent this with food to Saul (1 Sam. 16:20)
- 3 David's father (1 Sam. 16:5)
- 5 The Lord looks at the ___ (1 Sam. 16:7)
- 6 Samuel took this to Jesse (1 Sam. 16:2)
- 7 God told him to go to Bethlehem (1 Sam. 16:4)
- 12 "Rise and ___ him" (1 Sam. 16:12)
- 13 An evil spirit ___ Saul (1 Sam. 16:14)
- 15 They trembled (1 Sam. 16:4)
- 16 David was tending ___ (1 Sam. 16:11)
- 18 Third son Jesse called (1 Sam. 16:9)
- 19 David was the ___ son (1 Sam. 16:11)
- 21 Samuel took the ___ of oil (1 Sam. 16:13)
- 23 Samuel left and went to ___ (1 Sam. 15:34)
- 24 "I have come to ___ to the Lord" (1 Sam. 16:5)

#52 MEN OF THE NEW TESTAMENT

- ANDREW
- AQUILA
- BARNABAS
- GAIUS
- HEROD
- JAMES
- JASON
- JESUS
- JOHN
- JOSEPH
- JUDAS
- JUDE
- LUKE
- MARK
- MATTHEW
- NICODEMUS
- PAUL
- PETER
- PHILIP
- SILAS
- SIMON
- STEPHEN
- THADDAEUS
- THOMAS
- TIMOTHY
- TITUS

```
T M H V W J Y X U S Y H T O M I T B
N J P J L I K W N Y U A N Q L M H B
W J E S H A H K K K O M D X A Q V E
F U S T Q U S R D L I U E T W U F J
Q S O L P A E A U I P A T D K L C W
O T J Y L V S M E A D H Y C O X C I
T V R I D P J T B C E G G U E C J G
I D S S E Y G J E W T W O D K R I E
T U W T T A U A O P P D O C U A I N
U H E A H D Q M N J H N Z M L D E B
S R X E A B W U A D R E U K T D A T
P A Z S D L A S I J R L N M U D N H
H V X N D G O R A L L E H J V L O S
I I C Y A N A M N D A J W R U Z M A
L X I R E E E I O A E H N A W F I M
I B K W U S E R U S B H P V N V S O
P W U U S Q E B U S O A N Y D Y G H
K E L N L H K S J J K S S R S Q N T
```

#53 MORE CITIES OF JUDAH

AMAM
ANAB
ASHNAH
BEALOTH
DIMONAH
EDER
EGLON
ENGEDI
ESHAN

ETHER
GAD
GILBEAH
GILOH
HEBRON
ITHNAN
JAGUR
JATTIR
JEZREEL

KINAH
LAHMAS
LEBAOTH
MIDDIN
MIZPAH
NAAMAH
RABBAH
ZENAN

```
K L A A N U Z J O W W H A E B L I G
O A Z T K N G U X X X V V W W A H T I
R H X L B B J E Z R E E L H O P Z K
U M I X E D N U E Q T P X L O M R I
G A W W V B H A Y S D X I L F I H N
A S V E W A A H N A S G M I O U A A
J N D K N E H O A H Y L D N E Z M H
F E G O X T N F T E T E W T O W A I
R D M J O T S I B H G I H B O C A G
N I H L M H B A D N T E S A P R N H
D A A F A A N Q E D R M A J I C Z F
C E N N K A T E R E I J P T S C M E
B N H E A R G T S A O M T H U I F R
X S M M Z L H H R D B A Y L Z K T R
A W A E O I A O A S J B P P E U G G
T M P N B N V G Y L S A A E E R B Q
E V P B P G F X M S A H K H I E S U
L C P H C O W W Z N O R B E H Q Y J
```

#54 DOORS IN THE BIBLE

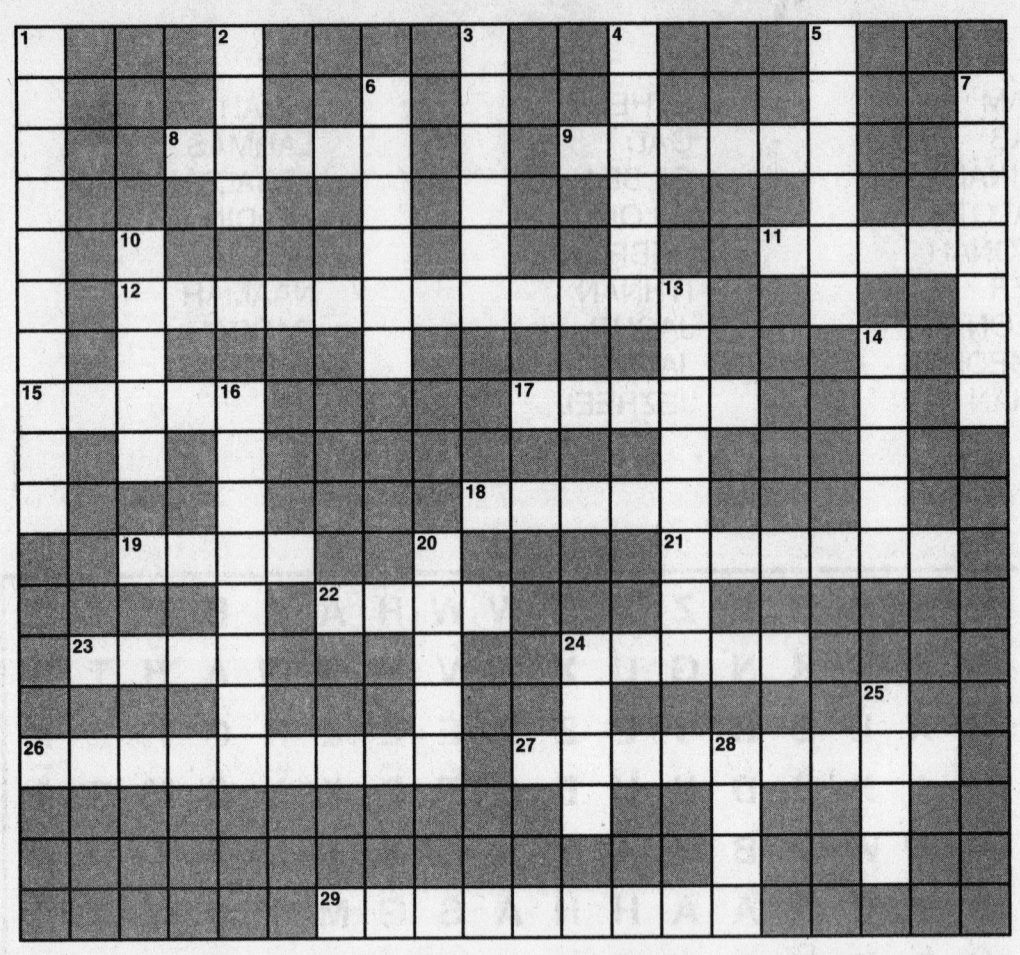

ACROSS
- 8 Solomon ordered doors of this wood (1 Kgs. 6:31)
- 9 Door turns on its ___ (Prov. 26:14)
- 11 Abimelech died at door of (Judg. 9:52)
- 12 Attendants to doors of building (Est. 2:21)
- 15 Hovered above door of tabernacle (Deut. 31:15)
- 17 ___ doesn't enter sheepfold by door (Jn. 10:1)
- 18 Guard doors of your ___ (Mic. 7:5)
- 19 Door was opened to Paul by ___ (2 Cor. 2:12)
- 21 Naaman stood at his door (2 Kgs. 5:9)
- 22 I am the ___ of the sheep (Jn. 10:7)
- 23 Abraham saw God through ___ (Gen. 18:1)
- 24 This person is standing at door (Ja. 5:9)
- 26 Israelites put blood on ___ (Ex. 12:7)
- 27 Stone was rolled against door to this (Mt. 27:60)
- 29 Jesus appeared behind closed doors to (Jn. 20:19)

DOWN
- 1 A screen was made for door of this (Ex. 26:36)
- 2 This animal was tied to a door (Mk. 11:4)
- 3 Strike this so doorposts shake (Amos. 9:1)
- 4 Angel opened these doors for apostles (Acts 5:19)
- 5 Cries out at gates and entry to city (Prov. 8:3)
- 6 God opened doors of ___ (Ps. 78:23)
- 7 Entrance to room
- 10 Valley of ___ was door of hope (Hos. 2:15)
- 13 ___ enters sheepfold by door (Jn. 10:2)
- 14 God opened doors of this (Acts 14:27)
- 16 Step that leads to door
- 20 He's blest who waits at ___ of doors (Prov. 8:34)
- 24 Sisera told her to stand at door of tent (Judg. 4:20)
- 25 Go to your room and shut door to ___ (Mt. 6:6)
- 28 I must watch doors of my ___ (Ps. 141:3)

#55 WORDS OF JUDE

ANGELS	FIRE	MAJESTY
APOSTLES	GLORY	MERCY
BALAAM	GOD	MICHAEL
CAIN	GRACE	POWER
CONTEND	HOLY	PRAY
DENY	JUDGMENT	SAINTS
DEVIL	KORAH	SAVIOR
DOUBT	LORD	WAVES
FAITH	LOVE	

```
O S Q J G O Q B G T Q Y C R E M J M
V L L S H E A P A U S U M Y C B L F
J Q B E E P O D E N Y E E A G A I S
J I J Q A S A Q N L G E L O A R I E
Q E U J A H O Y O E C E D T E L G N
B U D R H G C H N A T G L H S D A D
P L G K B Y E I R E L N T S O O E B
J Y M X M K A G M O D I O U O V P W
A N E U F B R R R H A O B C I A A A
R N N D G J F Y P F P T Z L X V Y C
Y Z T X R S W F N J S E C B E E G T
W R Z X H O D O J E K K B S V R M N
S D N G L V L P K O V Y Y G Q L A X
A J X R R F N P R G R O I V A S K L
E R F E A G W A T J R W L G L E R O
U K I W Q B H L G U E A R B G R G M
U O X O M A J E S T Y O U A I R D T
Q W Y P N A P Y I A B S T N I A S V
```

#56 KINGS AND KINGDOMS

ACHISH
AGAG
AMALEKITES
ASSYRIA
BABYLON
BALAK
BEN-HADAD
DARIUS
DAVID

EDOM
EGYPT
ELAM
GATH
HADAD
HEZEKIAH
HIRAM
ISRAEL
JUDAH

KEDORLAOMER
MOAB
NECO
PERSIA
PHARAOH
SENNACHERIB
SYRIA
TYRE

```
L P A U E E Z M F S A R K P C P B Z
Y M Z W O G A B I R E H C A N N E S
G J D B L R Y O H J L N Z U E F G S
Y D U P I Q L P L U A I R Y S D D G
O M F H W Y W S T D V D A V I D O R
Q E M O A B H N M A P W Y D D Y E M
O R B T K C Y H B H I B B Z V M N P
V Y M P K H A I K E Z E H C O K E G
L T C W H Z W U S T A M A A O Z C V
Z U Q J D A R D M E Y C L G N M O P
P L R U B E R U A D T R H O A P I D
H R E E O U W A Y I O I L I R G A V
T A N A H Z O G O D R Y K A S D G S
A D I A R K D L E H B Y B E A H U M
G I D S N S A K N A G A S H L I K A
C A J B R G I P B M L D N S R A W L
D Z J O W E C Q C A R E L A A V M E
N M M H Z J P V K X B A D A L C I A
```

#57 PEOPLE TO KNOW

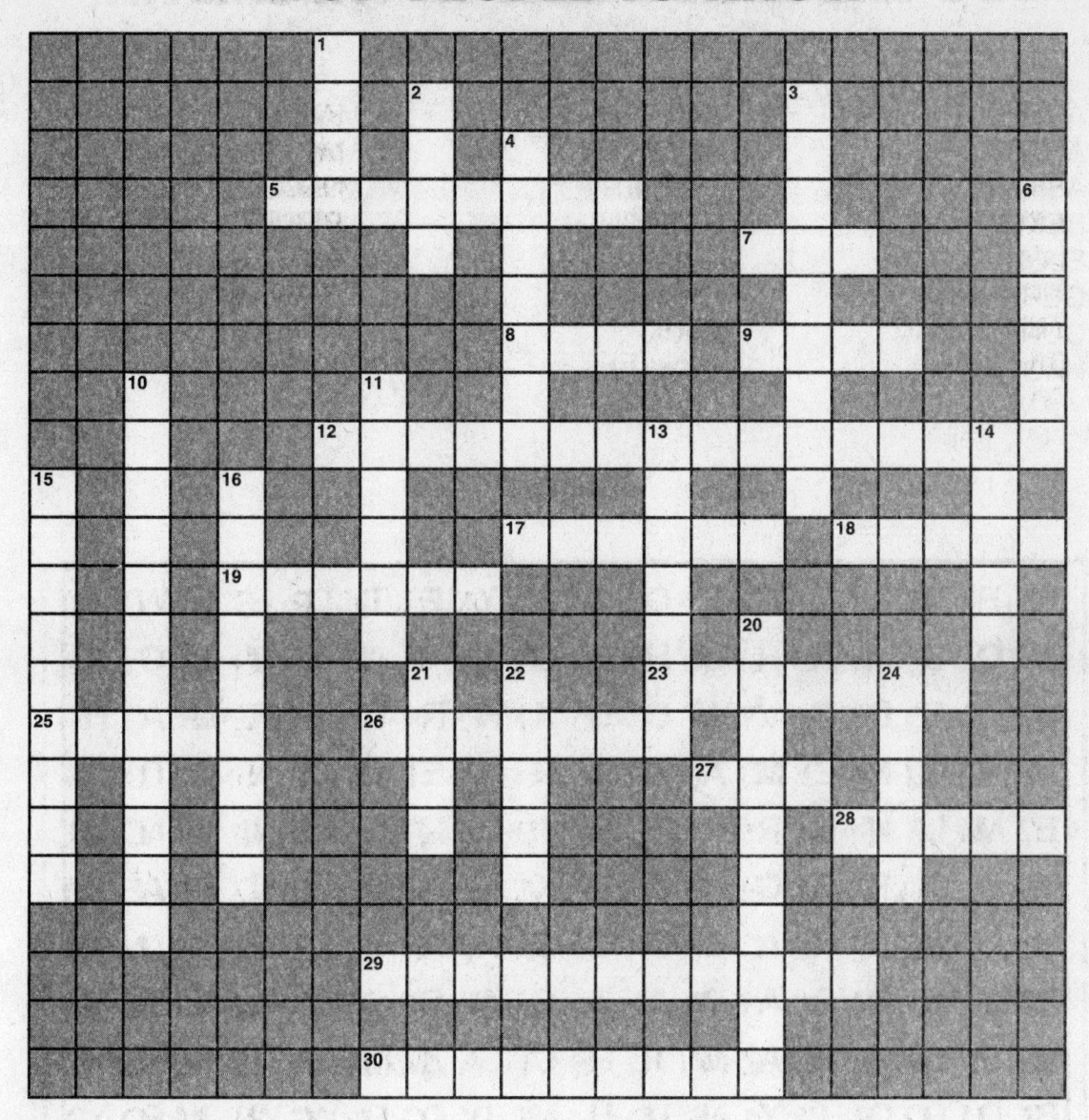

ACROSS
- 5 Father of Levi Matthew (Mk. 2:14)
- 7 Fell off seat and broke neck (1 Sam. 4:13-18)
- 8 First farmer (Gen. 4:2)
- 9 Noted for fast driving (2 Kgs. 9:20)
- 12 Hired first babysitter (Ex. 2)
- 17 First recorded shaver (Gen. 41:14)
- 18 Used earrings to make idol (Ex. 32:2-4)
- 19 First woman prophet (Ex. 15:20)
- 23 Killed Goliath's brother (2 Sam. 21:19)
- 25 First European to become Christian (Acts 16:14)
- 26 Was called preacher (Ecc. 1:1)
- 27 A perfect man from Uz (Job 1:1)
- 28 Gained victory by raising hands (Ex. 17:11)
- 29 Remembered promise after two years (Gen. 41:9)
- 30 Short man climbed a tree (Lk. 19:2-3)

DOWN
- 1 King taller than all subjects (1 Sam. 9:2)
- 2 Ate locusts (Mt. 3:4)
- 3 Chief of devils (Lk. 11:15)
- 4 Elder serves younger (Rom. 9:10-12)
- 6 Orphan who won beauty contest (Est. 2:7-8)
- 10 Jesus sent them to prepare Passover (Lk. 22:8)
- 11 Was called evangelist (Acts 21:8)
- 13 First Christian martyr (Acts 7:59)
- 14 Eldest son of Cain (Gen. 4:17)
- 15 Calmed riot at a theater (Acts 19:35)
- 16 Paul turned over ___ to Satan (1 Tim. 1:20)
- 20 Luke wrote his gospel to ___ (Lk. 1:3)
- 21 Walked in Elijah's spirit (Lk. 1:17)
- 22 Meekest man on earth (Num. 12:3)
- 24 Moses' assistant (Ex. 4:14)

#58 ISRAELITE CLANS IN THE DESERT

- ARELI
- ARODI
- ASHBEL
- BEKER
- ELON
- GERSHON
- GUNI
- HAGGI
- HANOCH
- HELEK
- HEPHER
- HEZRON
- IEZER
- ISHVI
- JAKIN
- JASHUB
- MAKIR
- MALKIEL
- MERARI
- NEMUEL
- PUAH
- SHAUL
- SHUHAM
- SHUPHAM

```
R F N X G H N G S E Y F T D L A W T
I Q D M A H U H S O J I A A U R O X
S O E D Y V W C U X N R L S H L A H
N H U N Z M A K I R U E Z H A A D W
E M U N K R R T T I I R E H N S N J
M I O P R G H W D K P P D D K C A X
U L N E H A S O L S H R L P K S U I
E M K Q S A R A I E A F S D H S E N
L E N H A A M T R C S Z M U H I L Y
B D B O I Y N U H N I Q B W W J R Y
X E T L R O P A E J V S R E Z E I N
L S E Y H Z G U Q P H Q A H A U P
S R R S J G E H Z Z S Y J A T P E M
A E R V I V C H H R I G G O U A R H
B E L I L O V E I N I K A J Y L B K
G K N U N B L X D I G J D M O C Y D
Z U L A M E R A R I Z R J O S H I E
G D H S K R V X L V N A V D J F I R
```

#59 MORE ISRAELITE CLANS IN THE DESERT

AHIRAM
ASRIEL
BELA
BERIAH
CARMI
ERAN
GILEAD
HAMUL
HEBER

IMNAH
JAHLEEL
JAMIN
JEZER
KOHATH
NAAMAN
OZNI
PALLU
PEREZ

SERED
SHELAH
SHEMIDA
SHIMRON
SHUNI
SHUTHELAH
ZEPHON
ZERAH

```
V P Y D L L D G J A Q H A L E H S F
B U A Q E S Z S E T H S Z E P H O N
P K H L Q R T S Q B E I J E J N U H
E D E W L W E Z A A E A M A R Y B S
R S P Z U U Q S J L M R H R V A P O
E H G D K H V V L I E L I A A A N O
Z I D U P Q K L N E E B I A E C J S
B M M T W J Q I A E I M O X H E L H
S R O A U F I S L H N R H D M O G U
H O M K A Y Y K G A I E S V D M W N
U N N H F U L T H I B R J A Z Y E I
T I S J I Z J J H E L E A H U N I I
H K Y H Q X N Y R A Z E T M A M L Z
E X H T E U A D T E M A A A Z O A E
L S E V H M R F R K H U M D Z I G R
A R Y Z X Q I C D O G A L N O P G A
H D U C L Y J D K E N K I V I L I H
Q G V C Y F L D A F C S E Z W W U R
```

#60 SCRIPTURE PASSAGES

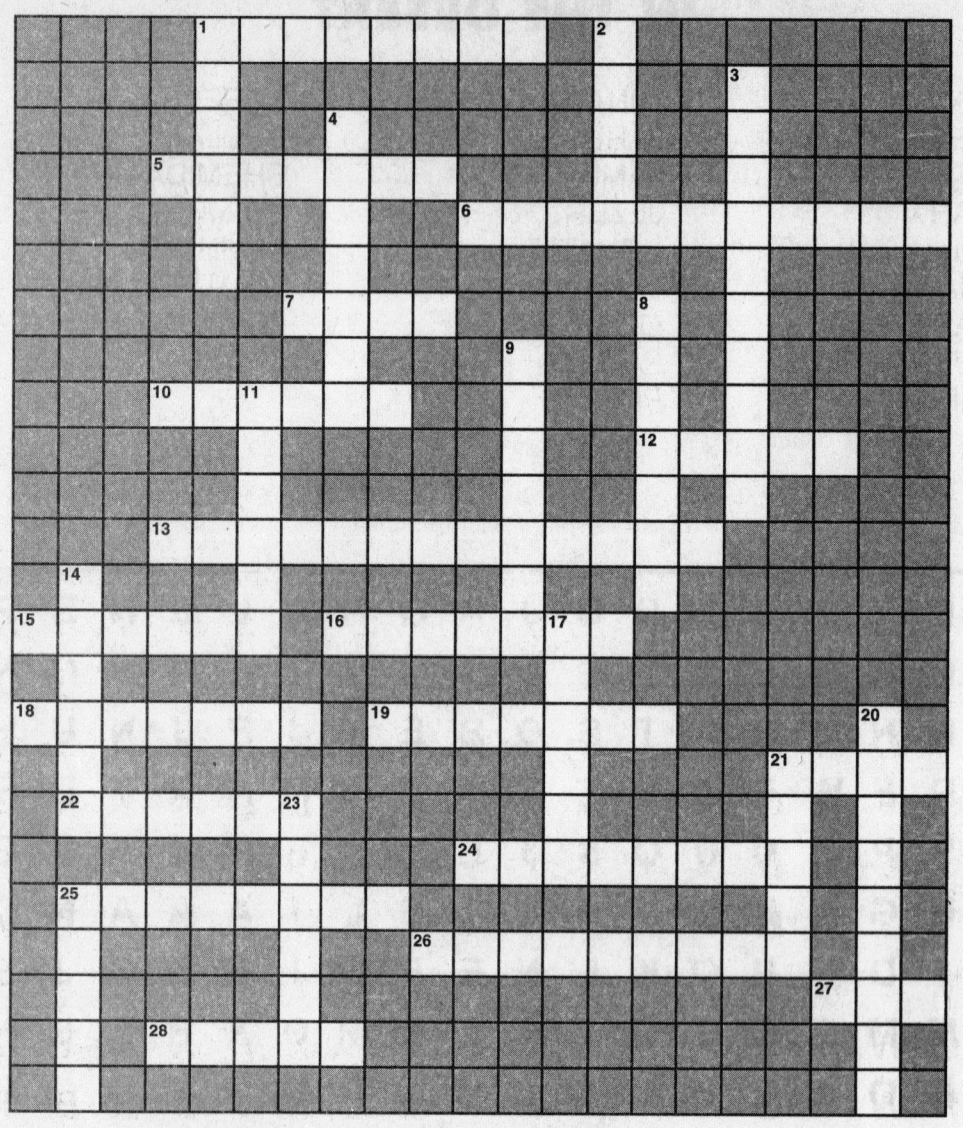

ACROSS
1. Walk as ___ of the light (Eph. 5:8)
5. The spirit itself beareth ___ (Rom. 8:16)
6. For we are his ___ (Eph. 2:10)
7. Follow not that which is ___ (3 Jn. 3:11)
10. ___ from evil and do good (Ps. 37:27)
12. Do all to the ___ of God (1 Cor. 10:31)
13. Let love be without ___ (Rom. 13:14)
15. I ___ Satan as lightening fall (Lk. 10:18)
16. If God is for us who can be ___ us? (Rom. 8:31)
18. His ___ is in the law of the Lord (Ps. 1:2)
19. The thief comes to steal, kill and ___ (Jn. 10:10)
21. Kingdom of God is not in ___ (1 Cor. 4:20)
22. ___ be to our God (1 Cor. 15:57)
24. He has raised us up ___ (Eph. 2:6)
25. With God all things are ___ (Mt. 19:26)
26. Be not ___ to this world (Rom. 12:1)
27. He has made Him to be ___ for us (2 Cor. 5:21)
28. Let no man despise thy ___ (1 Tim. 4:12)

DOWN
1. I can do all things through ___ (Phil. 4:13)
2. The word of God is ___ and powerful (Heb. 4:12)
3. The ___ of God standeth sure (2 Tim. 2:19)
4. The Lord shall ___ me (2 Tim. 4:18)
8. Seek first his ___ (Mt. 6:33)
9. ___ from all appearance of evil (1 Thes. 5:22)
11. Old things are ___ away (2 Cor. 5:17)
14. ___, for kingdom of heaven is near (Mt. 4:17)
17. Be ___ in the Lord (Eph. 6:10)
20. I am ___ with Christ (Gal. 2:20)
21. My kingdom is not of this ___ (Jn. 18:36)
23. ___ yourselves therefore to God (Ja. 4:7)
25. Neither give ___ to the devil (Eph. 4:27)

#61 BALAAM'S DONKEY: Numbers 22

- ANGEL
- ANGRY
- BALAAM
- BEAT
- CRUSHING
- DONKEY
- FIELD
- FOOT
- GOD
- LAY DOWN
- LORD
- MOAB
- MORNING
- MOUTH
- PRESSED
- PRINCES
- RIDING
- ROAD
- SADDLED
- SERVANTS
- SPARED
- SPOKE
- SWORD
- THREE TIMES
- TURNED
- WALL

```
S A W E U B D E R A P S W D V L K
P W S T I E K D H C K D A E Q X U O
Z N O E N J T A D W H G L L E O C W
C C F R C A X O R R M L L D V Y K Q
H O U M D N K R I S M E T D O K K T
L T J F K A I D D G J H M A Z C Z V
Q M Y N F I I R S O R R Y S F X J B
P O W X X N P E P E T K X P X J Y U
W P W I G D R A E I M U J V D R B I
H E I H T V G T A H A M B F T L L P
Q K W Q A Y I N T N O N B A V A M Z
R V V N F M E U I R G A G L L F E D
A P T J E D O K N H O E A R K A E B
R S K S Z M L I N M S Y L T Y S A V
M S D T C F N E D O D U P I S R R M
F Z N S T G O R I O D D R E K T C A
F Y J D G F O O W F O K R C M H Y R
S P O K E L X N T G D P I E L W U S
```

#62 HOLY THINGS

APOSTLES	JUBILEE	PRIESTHOOD
BROTHERS	LAND	PROPHETS
CITY	LIFE	SABBATH
COVENANT	MAN	SCRIPTURES
FAITH	MOUNTAIN	SERVANT
GOD	NAME	SPIRIT
GROUND	NATION	TEMPLE
HANDS	PEOPLE	TITHE
HILL	PLACE	

```
A K A J N K N N X E C A L P X M Z Q
S E R U T P I R C S I W Q B O B V N
B U O M C Y T I R I P S I U K F Z O
Z R C Y A U R K W B P G N A S W E I
T N P K O A N N H B X T Z H O W T T
Z A R S E R V A N T A W E N S Q E A
D M O W Z Q Q P X I G R D L S D M N
I E P Q S Z K Y N Z J Y C H P O P G
E U H H A A Y S H C O R V S X O L X
A J E G B I P I R H I I B F M H E C
Y W T T B T L O A E G T X H L T T P
C X S P A L N N S R H J Y I X S I C
W E K U T F D A O T U T F A O E T T
N Y C K H S A U N B L E O U F I H H
U M M D I G N I I E L E J R Y R E Z
S D J T D D O L T A V N S A B P W L
Z A B E A A E D N H A O N K T J S J
L D P X D E M D O M P I C W R F M V
```

#63 LOVE IN THE BIBLE

ACROSS
1 Israel loved him more (Gen. 37:3)
5 Love one ___ (Jn. 15:12)
8 Jacob loved her more (Gen. 29:30)
10 He that loves his wife loves ___ (Eph. 5:28)
13 Jonathan loved ___ (1 Sam. 18:1)
15 ___ suffereth long (1 Cor. 13:4)
16 Charity does not behave ___ (1 Cor. 13:5)
17 Love thy neighbor as ___ (Ja. 2:8)
19 He that loveth God keeps his ___ (Jn. 14:21)
24 Husbands, love your ___ (Eph. 5:25)
27 Charity rejoiceth not in ___ (1 Cor. 13:6)
28 Charity does not seek her ___ (1 Cor. 13:5)
29 God loves a cheerful ___ (2 Cor. 9:7)
30 But I say, love your ___ (Mt. 5:44)

DOWN
2 Teach young women to love ___ (Tit. 2:4)
3 God so loved the ___ (Jn. 3:16)
4 Charity rejoiceth in ___ (1 Cor. 13:6)
6 Isaac loved this son more (Gen. 25:28)
7 For whom the Lord loveth, He ___ (Heb. 12:6)
9 Love God with all thy ___ (Mt. 22:37)
11 Charity does not ___ (1 Cor. 13:4)
12 Now abideth hope and ___ (1 Cor. 13:13)
14 Charity never ___ (1 Cor. 13:8)
18 Charity thinketh ___ (1 Cor. 13:5)
20 Charity endureth ___ (1 Cor. 13:7)
21 Charity is not easily ___ (1 Cor. 13:5)
22 He first loved ___ (1 Jn. 4:19)
23 Charity is ___ (1 Cor. 13:4)
25 Ye that love the Lord, hate ___ (Ps. 97:10)
26 Love not the ___ (1 Jn. 2:15)

#64 CHILDREN OF DAVID

- ABSALOM
- ADONIJAH
- AMNON
- BORN
- CHILDREN
- DANIEL
- DAUGHTER
- ELIADA
- ELIPHELET
- ELISHAMA
- ELISHUA
- FAMILY
- FATHER
- IBHAR
- ITHREAM
- JAPHIA
- MOTHERS
- NATHAN
- NEPHEG
- NOGAH
- SHAMMUA
- SHEPHATIAH
- SHOBAB
- SOLOMON
- SONS
- TAMAR

```
W D U Q O B R W A T O U D O Q G R J
O V M O T H E R S O N F B Y H C M T
W F I A Q L T S J H P O A O K P H N
N C O E O J H V A A H N T R V U A
Y R C P T H G I M M P J V M H N M C
A Z M E E A U J A X O H I L A E D S
U K A R L I A K H C E L I N A P R H
M L E Y E T D V S W H I A A O Y R O
M L R R H A N S I L E I Y S J D L B
A F H S P H X E L I E V L B B U A A
H C T O I P G H E Z F I C D T A J B
S L I L L E N Q E C E P N V R Q E N
Y F H O E H U A R L B M Z A P E D E
L R A M T S X V H A I X B E D T N P
I A G O L C H I S T H A G V N O C H
M M O N Q B U V J O A B D L G Y A E
A A N V M Y P K I F N N I A N I C G
F T A U H S I L E G T S C W X V G S
```

#65 SONS OF ISRAEL GO TO EGYPT
Genesis 46

ARD	GERA	LEVI
ARELI	GUNI	NAPHTALI
ASHBEL	HAGGI	ONAN
ASHER	HANOCH	PEREZ
BELA	HUPPIM	REUBEN
BENJAMIN	ISHVAH	ROSH
DAN	ISSACHAR	SIMEON
EHI	JEZER	ZEBULUN
GAD	JUDAH	

```
P R K A J R D P H T U P L P M E I M
B Q H J M O I S R U L O Y P Z R L U
X D M A Z I S S Z E Q E Z T E W S C
H E A V G G P J S W Z U V Z H R U U
H N X G M G Y P R A J E F I W M E N
S G I E A Y I M U R C M J F T Z K Z
O A K M M R F H A H Z H K H I F I C
R P S W A K E A C I I P A D A S A K
L A Z H U J B G S O O S I R M D E M
L G S L E J N G I U N T H E N Q U I
J A B H A R K E N N B A N V X O I J
J R R Z B M A E B J U A H U A X O M
N I J D L E B L D N P G J X Y H T E
V B K B I U L D E H A E S I M E O N
H Q E V E L Z I T B Q D K O B B O M
F V X R L G E A Y F N Z I D N C S S
A Y L S L V L R W D W Q U H C A S W
H U J R Z I H A A N U L U B E Z N Y
```

#66 PROVERBS 31 WOMAN

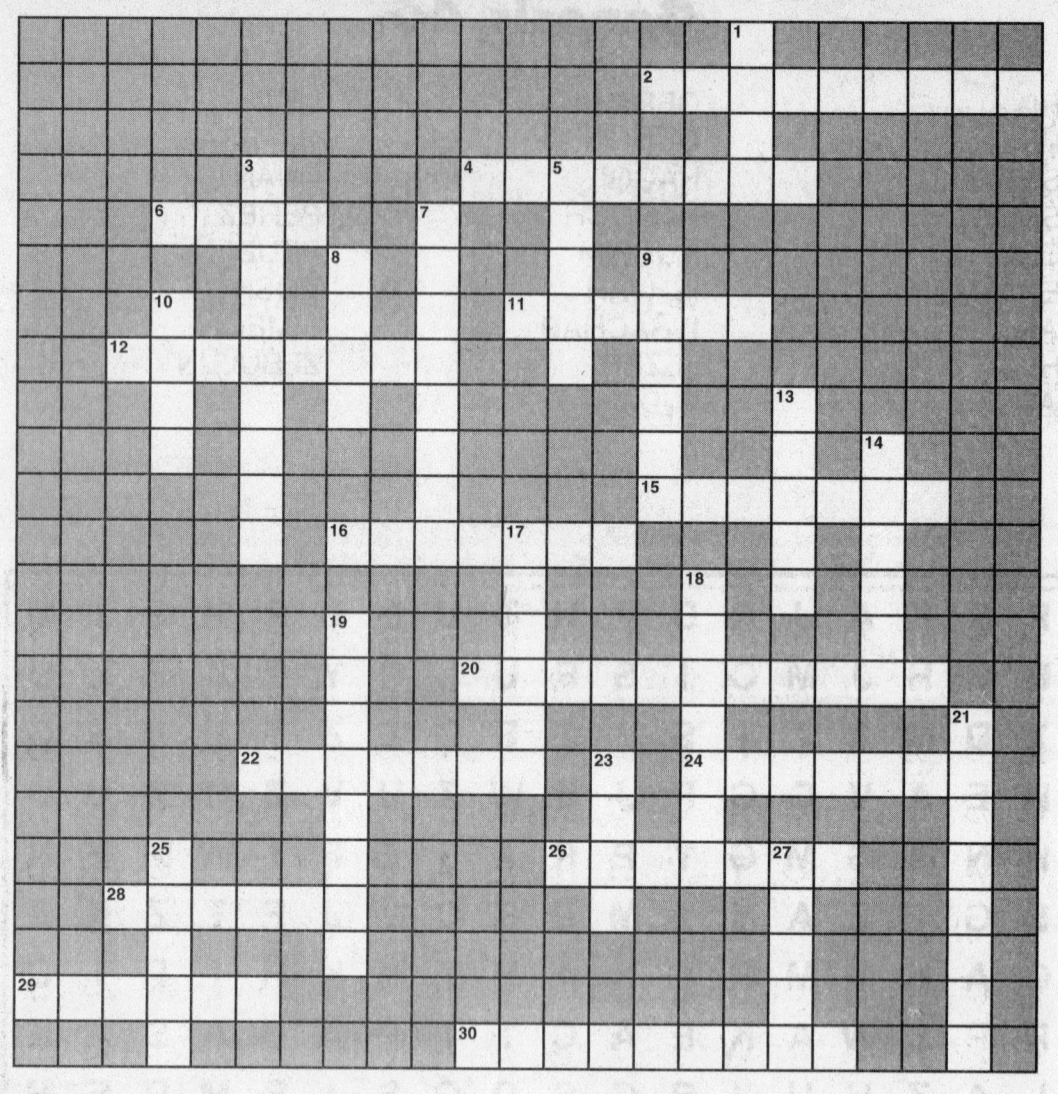

ACROSS

2 This goeth not out (v. 18)
4 Eateth not bread of ___ (v. 27)
6 Stretcheth hand to the ___ (v. 20)
11 This is vain (v. 30)
12 She planted a ___ (v. 16)
15 Layeth her hands to the ___ (v. 19)
16 He trusts her (v. 11)
20 Perceiveth this is good (v. 18)
22 Children call her ___ (v. 28)
24 All her household are clothed with (v. 21)
26 She gives food also to her ___ (v. 15)
28 This is deceitful (v. 30)
29 She openeth mouth with ___ (v. 26)
30 Like this type of ship (v. 14)

DOWN

1 She strengtheneth her ___ (v. 17)
3 She giveth meat to ___ (v. 15)
5 She makes and sells fine ___ (v. 24)
7 In her tongue is law of ___ (v. 26)
8 She seeketh wool and ___ (v. 13)
9 Her price is above ___ (v. 10)
10 Her clothing is purple and ___ (v. 22)
13 Her clothing is strength and ___ (v. 25)
14 Her husband sitteth among the ___ (v. 23)
17 She buys this (v. 16)
18 Woman that feared Lord will be ___ (v. 30)
19 She maketh herself covering of ___ (v. 22)
21 Girdeth loins with this (v. 17)
23 Brings food from ___ (v. 14)
25 Worketh with her ___ (v. 13)
27 Riseth while it is yet ___ (v. 15)

#67 TWELVE SPIES SENT OUT
Numbers 13

- ACCOUNT
- AMMIEL
- CALEB
- CANAAN
- COUNTRY
- EXPLORE
- FRUIT
- GADDI
- GEUEL
- HILLS
- IGAL
- JOSHUA
- LAND
- NAHBI
- NEGEV
- NEPHILIM
- PALTI
- REPORT
- RETURNED
- SEND
- SETHUR
- SHAMMUA
- SHAPHAT
- SPY
- TRIBES
- TWELVE

```
Q C S A N U T O Q M L R L V E G E N
S P Y D Q N W J N N P J Z V S E P I
A S X N L F E M I L I H P E N E N G
C U I A M W L C L M T G H H I G N N
Q A Y L O Y V B T E A N I D B Q Q D
V J S W U A E F E D I F U E H C X T
F M B H U N E C D L R M X O O N D S
K A K H A W I I A U A P M U C L G E
I H S W I P M U I N L C N A E C Q B
R O E Q B S H T E O A T A U Y T A I
J U L R N T P A R N R A E Y P R D R
R G H V G A S E T Y A G N P B O L T
N Y O T T D H B J R T B G A D P T T
L X R I E D G B R X H M O L Y E S U
M H I G Y S U K I I G U Q T N R S Z
B W W A B G Y L L K E E U I V M H I
Y N Z L O U A L F T R E T U R N E D
D U X I L G S F T M B S H A M M U A
```

#68 THE PASSOVER

- APPOINTED
- BITTER
- BLOOD
- BREAD
- CELEBRATE
- DOORFRAMES
- EGYPT
- FESTIVAL
- FIRSTBORN
- HERBS
- HOUSES
- ISRAEL
- LAMB
- LORD
- MEAT
- MOSES
- OBSERVE
- OFFERING
- ORDINANCE
- REGULATIONS
- ROASTED
- RULES
- SACRIFICE
- TIME
- TWILIGHT
- UNLEAVENED

```
Q P T W I L I G H T U H E R B S G S
L C S P F E M I T C N T E Z U S E P
G X D M E I A G B Q D W B L E W L U
Y E Z O C T R P B I X O O R T I Z V
W S G P O D A S P J T R O A E C L Z
Z V A Y T R E R T O D T E L N A Y Q
R R Q C P A F N B B I M E X B T D O
U X H C R T S R E E O N L R T E F Z
L T I Q E I H S A V L R T V C P S I
E S W Y L B F M E M A E N E K K O S
S K L S S V D I L S E E C B D W I R
B O B S E R V E C V U S L M J O P A
I C Y V D X E V C E M O O N V N O E
F E S T I V A L L S W S H A U S J L
W D C D E T S A O R E G V I B R W G
O F F E R I N G W S S Q P F X Y G Q
E C N A N I D R O H Q X C V L A M B
W R E G U L A T I O N S B E R P Q J
```

#69 COMPARISONS IN SONG OF SOLOMON

ACROSS
1. A ___ of gardens (4:15)
2. Belly is ___ (5:14)
7. Name is like ___ (1:3)
8. Hands of a skilled ___ (7:1)
10. Like ___ of smoke (3:6)
12. Lips are a thread of ___ (4:3)
13. Hands are gold ___ (5:14)
14. Lips like ___ (5:13)
21. Temples are a piece of ___ (4:3)
23. Neck is the ___ of David (4:4)
25. Sister is ___ enclosed (4:12)
27. Lips drop like ___ (4:11)
28. Cheeks are bed of ___ (5:13)
29. White and ___ (5:10)
30. Belly is a heap of ___ (7:2)

DOWN
1. Eyes like ___ (7:4)
3. Like the clefts of the ___ (2:14)
4. Like the tents of Kedar (1:5)
5. Love more delightful than ___ (1:2)
6. Likens to a company of ___ (1:9)
9. Like a roe or young ___ (2:9)
11. Joints of thighs like ___ (7:1)
13. I am a ___ (2:1)
15. Teeth are a flock of ___ (4:2)
16. Hair is a flock of ___ (4:1)
17. Mouth is most ___ (5:16)
18. Navel is a round ___ (7:2)
19. Legs are pillars of ___ (5:15)
20. Your eyes are ___ (1:15)
22. Locks are black as a ___ (5:11)
24. As an ___ tree (2:3)
26. Head is fine ___ (5:11)

#70 THE GOLDEN CALF

AARON	EARRINGS	MOSES
ALTAR	FASHIONING	MOUNTAIN
ANGRY	FIRE	OFFERINGS
BOWED DOWN	GODS	PEOPLE
BURNED	GOLD	SACRIFICED
CALF	IDOL	SHAPE
CAST	ISRAEL	SINNED
CORRUPT	LORD	TOOL
DESTROY	MADE	

```
T M E A R R I N G S S I B Q N C Z L
P E Z S P S L S T H S U E E M L D D
U I K J I E I Y A I R K J N I O P E
R P Z V D N Q P S N S X E D I X I C
R Y H A N F E L E A R S I D L D X I
O N M E J U K D L F I R E F G O N F
C E D J N I E R O X A T T S E W G I
T N A R G G X Z R X K Y X T O E I R
F R E G A A P M D S E M L D V Q U C
N A Q N K T F S X S O V D T E J Z A
C P S Y O G L J D S Q E C L D N J S
Z A Q H N R S A E O W Y P W E I H R
L F S V I G A S A O G O N W S A I L
C I L T Q O M A B N E P E D T T A O
V F X A J N N X A P G U C W R N H D
I A Q J C D G I V Z K R I E O U M I
O L B B G R N S N T A E Y I Y O Q M
S G N I R E F F O G Z T O O L M G T
```

#71 BIBLE PLACE NAMES - A

ABARIM	ANTIOCH	ASHDOD
ACHAIA	APHEK	ASIA
ACHOR	ARAD	ASSOS
ADULLAM	ARAM	ASSYRIA
AHIMAN	ARARAT	ATHENS
AIJA	ARIEL	AVITH
AKKAD	ARIMATHEA	AZEKAH
ALEXANDRIA	AROER	AZOTUS
AMMON	ASHER	

```
N K V L I T Y O K W E D A R O E R A
A O L X V A E A S N E H T A Q V V A
S L M Y L R H F I A A J N U K I Z E
V Z E M Q A A S O R A S Q Z T T B H
T Q V X A R D I A A B Z E H N M S T
H H N G A A D M S D W A E U S U E A
K R Q J O N H M V A J Z I K E J K M
V M A V A B D A A H L L I R A M R I
Q E I C I D D R P N D E B F Y H E R
A A A X H A U C I H T Q I N K S H A
Z C J C K O R L F A E I I R K V S V
O W A K H A R A L S D K O M A N A A
T V A B J A H K R A U H S C Z L S K
U Z S I A I I D W D M U G Q H S F P
S B A H M R E A M A O F P L O N P F
B D H A H B I W U E F K S D S L A
D J N Q Y Y D M C E D O D H S A L V
X Q S R P X M O U F V D Y U B W R K
```

#72 FRUITS OF THE EARTH

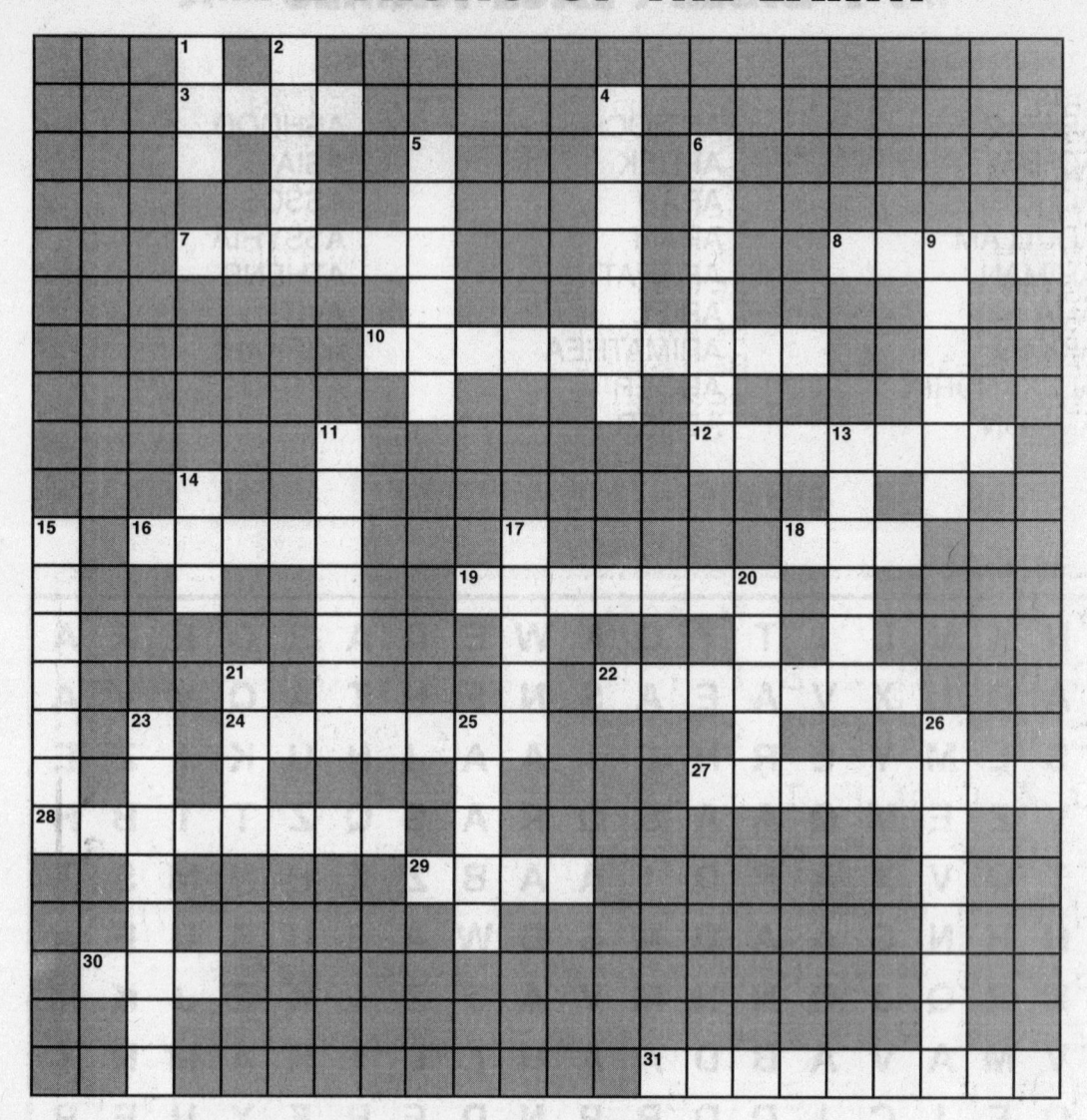

ACROSS
- 3 "Dresser of Sycamore trees" (Amos 7:14)
- 7 Trees used to make beams and pillars (1 Kgs. 5:6)
- 8 Used rods of chestnut and hazel (Gen. 30:37-39)
- 10 Noah's ark was made of this (Gen. 6:14)
- 12 Ark of covenant made of this (Ex. 25:10)
- 16 Separated this from wheat (Mt. 13:30)
- 18 This didn't suffer plague of hail (Ex. 9:32)
- 19 City of palm trees (2 Chr. 28:15)
- 22 Elijah sat under this tree (1 Kgs. 19:4)
- 24 Nuts sent as gift to Joseph (Gen. 43:11)
- 27 Huge creature that eats grass (Job 40:15)
- 28 Zacchaeus climbed this tree (Lk. 19:1-4)
- 29 What grapes grow on (Deut. 32:32)
- 30 Its leaves covered Adam and Eve (Gen. 3:7)
- 31 Manna resembled this seed (Ex. 16:31)

DOWN
- 1 Green ___ tree compared to wicked (Ps. 37:35)
- 2 Gave shade to Jonah (Jon. 4:6)
- 4 Produces smallest seed (Mt. 13:31)
- 5 Purified lepers (Lev. 14:4-6)
- 6 Jews hung harps on these weeping trees (Ps. 137:2)
- 9 Tree's spice used to make oil (Ex. 30:24)
- 11 Hair caught in oak's branches (2 Sam. 18:9-10)
- 13 Expensive wood (Rev. 18:12)
- 14 Saul buried under this (1 Chr. 10:12)
- 15 Complained about sacrifices under this (Hos. 4:13)
- 17 Served at Passover (Ex. 12:8)
- 20 Noah's dove brought an ___ twig back (Gen. 8:11)
- 21 Symbol of grace and elegance (Ps. 92:12)
- 23 Can be uprooted and thrown into sea (Lk. 17:6)
- 25 Delegated watch over olive trees (1 Chr. 27:28)
- 26 Symbol for sorrow and disaster (Amos 5:7)

#73 BIBLE PLACE NAMES - B

BABEL	BEON	BEULAH
BABYLON	BEREA	BEZEK
BAHURIM	BERED	BILEAM
BALAH	BETEN	BILHAH
BAMOTH	BETHANY	BITHYNIA
BASHAN	BETHEL	BOKIM
BEEROTH	BETHLEHEM	BOZRAH
BEERSHEBA	BETHSAIDA	BUZ
BELA	BETHUEL	

```
Y N M I K O B A O J Q X H O J U Z V
C K E H J B E T H E L B E U L A H G
C C T T R Y E O H A R Z O B Y E U W
O Z C B E T H A N Y L Q J H E A R X
Y C X X Z B C H A H L I B M H A A S
N M D U W L F D U Q M I X D V I D J
S V B P B N A T Z B I L E A M N I X
G K E E S M K L P N O A A E E Y A M
B R F R B S I B E T O M M R H S A
J E L R V A E R Z B E L U M V T H O
F V T O B O L A U H A B Y K N I T L
B I L H N A L A S H E B B B U B E G
U J E Z L E M R H E A A H B A B B E
S J I S B E E O R K S B E F E B J B
F Z B G N E H O T H X R F R N Q E H
H C Q B B O T E A H E M E H A Z K I
Z M O H F H S N M A K D I X E E M P
F H Y K L T B E T H U E L K M U S A
```

#74 BIBLE PLACE NAMES - C

CABBON	CAPHTOR	COS
CABUL	CAPPADOCIA	COZEBA
CAESAREA	CARMEL	CRETE
CALAH	CENCHREA	CUN
CALNEH	CHALDEA	CUSH
CALNO	CILICIA	CUTHAH
CANAAN	CNIDUS	CYPRUS
CANNEH	COLOSSE	CYRENE
CAPERNAUM	CORINTH	

```
G E V G Q C U T H A H P A G A L J Z
A L I M K Q C U S H I D H L M Y C U
E A E O P C Q L N G L C T P P P R G
D C S M M W A N U G Q L I K J O F W
L O R U R H F B X B C S K L T R A M
A L H E D A R G B A A F U H I E K Y
H O Q M B I C V M O P C P R R C V K
C S L C A N N E H L N A H A P G M U
I S O B X A B C G Y C A S D A Y W M
Z E U S O C Z R S R J E A B C D C U
U D X C Q C L S M P A T E H M E G A
N C A C A L N E H C Y Z H O S G L N
I J E L C A P P A D O C I A U Q K R
E Q A F A C E E L C R W C A L N O E
M H C O R I N T H Y Z C N U C Q J P
C A N A A N G Q U W N S O O T N E A
C X S F W B C R E T E N B T C J B C
B C E N C H R E A E C Y R E N E O I
```

#75 NEW TESTAMENT PLACES

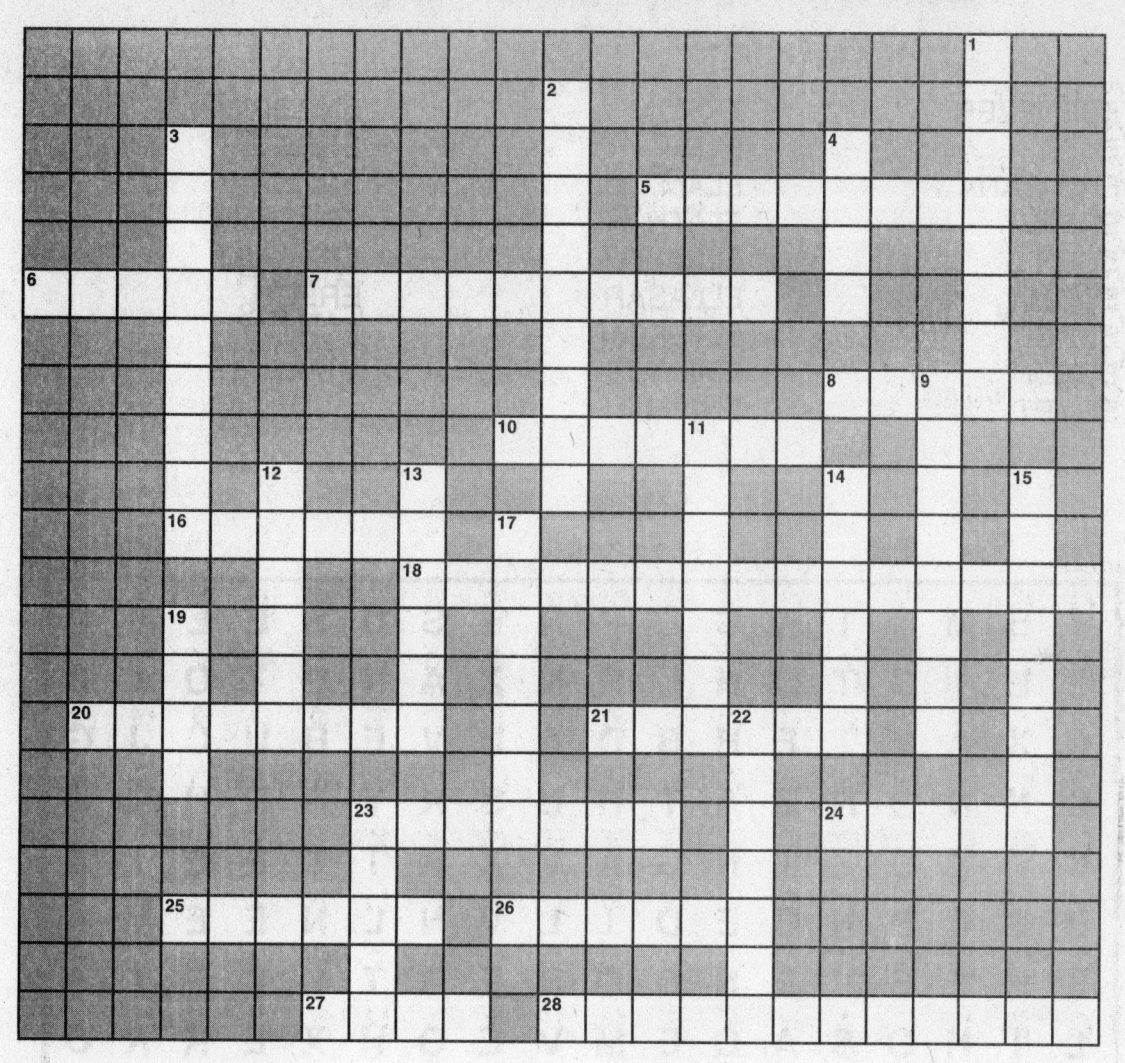

ACROSS
5. Home of Cornelius (Acts 10:1)
6. Room where disciples prayed (Acts 1:12-14)
7. Miracle of fish place (Lk. 5:1)
8. Paul and Silas in ___ jail (Acts 16:21-24)
10. Home of Mary and Martha (Mt. 21:17)
16. Paul attacked by a snake here (Acts 28:1-3)
18. "It is good for us to be here" (Lk. 9:33)
20. Where Paul first preached of Christ (Acts 9:19-20)
21. Altar to unknown god here (Acts 17:23)
23. Its destruction was told by an angel (Rev. 8:21)
24. Home of Dorcas and Simon (Acts 9:36-43)
25. Paul stoned here (Acts 14:8-19)
26. Elymas struck blind here (Acts 13:6-11)
27. Location of Christ's first miracle (Jn. 2:1-9)
28. Paul went to synagogue here (Acts 17:1-2)

DOWN
1. Home of Lydia (Acts 16:14)
2. Where Jesus was "King of Jews" (Mt. 27-29)
3. City brought to destruction (Mt. 11:23)
4. Lazarus buried here (Jn. 11:38)
9. Jesus ordained the disciples here (Mk. 3:13)
11. Disciples first called Christians here (Acts 11:26)
12. Jesus slept here (Lk. 21:37)
13. Where John wrote Revelation (Rev. 1:9)
14. Birth place of Paul (Acts 22:3)
15. Paul never visited here (Col. 2:1)
17. Important, but only mentioned once (Lk. 23:33)
19. Ruling power of the world (Lk. 2:1)
22. Paul preached three years here (Acts 20:17-31)
23. "They searched scriptures daily" (Acts 17:10-11)

#76 BIBLE PLACE NAMES - E

EBENEZER
EBER
ECBATANA
EDEN
EDER
EDOM
EDREI
EGLON
EGYPT

EKRON
ELAH
ELAM
ELATH
ELEALEH
ELLASAR
ELTEKON
EMMAUS
ENAIM

ENDOR
ENGEDI
ENOCH
EPHESUS
EPHRAIM
ERECH
ESHCOL
ETAM

```
T B M T T K G E P H E S U S E L Y O
F E I G T O H L R N Z A N P Z O Z P
R X A M T E H B D A U V E B U C J G
D N N Q N Z A T H U S K Y S R H C O
C F E O Z I N G A V X A T T P S I D
H S C E N G E D I L V N L N E E M K
E H E B V E N D O R E G T L C E X P
L I H O S A Q E M V E O H X E R R O
A L O M C U R W B K E P U C X T Q M
E Q W Z R S X E R E T H Z Z E M E I
L W N G X U A O Z P R C S D X R L A
E O O D F A N N Y E E B R D R B E R
H Q K A I M N G A G N E V L T D Q H
E I E Z S M E E L T I E Y E G T G P
T R T Q O E E O D M A E B M G L T E
A T L T O R N D O E L B A E T E L B
M I E R F K O D E A F L C L J H S M
G M D X A K E I H R E I E E C A R L
```

#77 BIBLE PLACE NAMES - G

GALATIA	GETHSEMANE	GITTAIM
GALILEE	GIAH	GOAH
GALLIM	GIBEAH	GOLAN
GAREB	GIBEON	GOMER
GATH	GIHON	GOMORRAH
GAZA	GILBOA	GOSHEN
GEBIM	GILEAD	GOYIM
GEDER	GILGAL	GREECE
GESHUR	GILOH	

```
R X E Q T N O H I G T E C U C Z V C
U L C A U Y K W I N G I T T A I M O
H S E F Y A S L E S H R G U P S N S
S Y E G A V B G Y S G A P I C Q L Z
E H R F Q O I A Z T G N R D L T Q J
G E G E A B E G E P B O A R N O H Y
N A Z G E G E I G N L E P F O N H Q
L P I O I Y N L J G L F B G U M G O
Z A N B L P A G G I A E U R S E O Q
H M E C Y W M A G A R L O T B K O G
P A K I N A E L M A L G A I O K K N
H R K S R E S E G I A I M T R O D E
A E E C I Z H B T T L G L E I Q H W
Q Q I M P F T S H J A L D E Q A M R
I Q T L O F E W O Z K E A C E F I B
P Y K X F G G S A G G V W G C R Y R
Z N A L O G Z D G J E R E O G C O B
D E Q Z W H A O G T O Y F J O W G F
```

#78 OLD TESTAMENT LOCATIONS

ACROSS
- 3 King Josiah killed in battle here (2 Kgs. 23:29)
- 9 Jeremiah hid his stones here (Jer. 43:9)
- 11 David ate bread here (1 Sam. 21:1-6)
- 13 People wept as they went up here (2 Sam. 15:30)
- 14 King commanded to gather prophets here (Kgs. 18:20)
- 17 Dagon fell before ark of God here (1 Sam. 5:3)
- 19 Monument between ___ and Shem (1 Sam. 7:12)
- 21 City of palm trees (2 Chr. 28:15)
- 23 Samuel numbered forces of Israel here (1 Sam. 11:8)
- 25 Altars and offered sacrifices here (1 Kgs. 12:29)
- 27 Where largest armies faced each other (2 Chr. 14:8-10)
- 28 David tortured captives here (2 Sam. 12:29-31)
- 29 Samson's birthplace (Judg. 13:2-24)
- 30 City of David (2 Sam. 5:7-9)

DOWN
- 1 "Glory of Kingdoms" (Isa. 13:19)
- 2 Solomon's temple mount (2 Chr. 3:1)
- 4 Samson carried away gates here (Judg. 16:1-3)
- 5 Samuel killed Agag here (1 Sam. 15:33)
- 6 King Saul killed himself here (2 Sam. 1:6)
- 7 King's hand withered here (1 Kgs. 13:4)
- 8 David anointed king here (2 Sam. 2:3-4)
- 10 Bones of Jonathan and Saul buried here (2 Sam. 21:14)
- 12 Jedekiah's eyes put out here (Jer. 39:5-7)
- 15 Prophet fasted 40 days and nights here (1 Kgs. 19:8-9)
- 16 Lord appeared to Solomon here (1 Kgs. 3:5)
- 18 Purchased by king of Israel (1 Kgs. 16:24)
- 20 Battle between Jews and Persians here (Est. 9:15-16)
- 22 King of Syria smothered here (2 Kgs. 8:7-15)
- 24 Where Saul went to seek a witch (1 Sam. 28:7-8)
- 26 Goliath's home (1 Sam. 17:4)

#79 BIBLE PLACE NAMES - H

- HABOR
- HADID
- HALI
- HAMATH
- HAMMON
- HAMONAH
- HANES
- HARAN
- HARMON
- HAVILAH
- HAZEROTH
- HAZOR
- HEBRON
- HELBAH
- HELEPH
- HELIOPOLIS
- HENA
- HEPHER
- HESHBON
- HEZRON
- HIERAPOLIS
- HOBAH
- HOREB
- HORESH
- HORMAH
- HUKKOK

```
T S I L O P O I L E H R E B Z S Y S
K W V K I J R H K I E H U R Q E O Z
S H E D I G D J A H L C A A O K Z P
A Q U Z R N K H P M I A N D Y B E Q
T T V K O E U E A V A O H S I S A H
L Z S R K C H H S M M T L K H D A H
Q W B W T O I B A R M N H A D Z N T
I E N V M C K H A N A O L S E S H W
H R Q Q X N M H A R O I N R S A Z I
H N F W N Y X N A N V M O X Z P X R
O U O T Z E A H O A E T A O W G L N
R Y Z B L X O G H R H S R H L W Y G
E F G B H B O N H E Z C S H B O B P
S X N A L S M Q N A C E C A L C E H
H E L E P H E A M Q B D H B U E R V
S P U T S I H H C A F O N L W U O I
S I L O P A R E I H K I H E I I H T
H Z M H O R M A H B F S F H H N D T
```

#80 BIBLE PLACE NAMES - J

JAAR	JATTIR	JEZREEL
JABEZ	JAZER	JOKIM
JABNEH	JEBUS	JOKMEAM
JAGUR	JEHUD	JOKTHEEL
JAHAZ	JERICHO	JOPPA
JANIM	JERUEL	JOTBAH
JANOAH	JERUSALEM	JUDEA
JAPHIA	JESHANAH	JUTTAH
JARMUTH	JETUR	

```
E J O K T H E E L P U Q G O S J J U
L U Y G N O R S J Z L L D J I U E J
E X U Q K Z L U D E R Q E Y V T Z E
C S U B E J T E P U R J Q A P T R S
M R Z R R D Z M U M H I A N A A E H
A T B H U A I E H R O E C N G H E A
E M N M E N A A B K E B J H L Z L N
M J T J A N O J A A H J H T O F M A
K H M J A N B I J T J R Q Y J E M H
O H X J A G H A U E I B Q B L R W Y
J G B J A P U M J T T Y U A B X H A
A P B Q A H R R T S P U S F P A J E
V P J J V A A A C D A U R M B Y A D
A R P T J L J Z M Y R U I T Y D Z U
O Q C O W C K B X E G K O A A A E J
Y S S G J S N A J O O J U J P A R K
G C T L I A Y M N J P T O P B S T T
M G U O T D N N F D O D S B C I K H
```

#81 WEAPONS IN THE BIBLE

ACROSS
- 3 Execution-style instrument of death
- 4 One of Samson's tools (Judg.)
- 9 Sword of ___ (Eph. 6)
- 10 Used a slingshot (1 Sam. 17)
- 11 Tongue is a ___ (Ja. 3)
- 12 Like an arrow shot out (Jer. 9)
- 13 Beat their swords into ___ (Mic. 4:3)
- 16 To stand against devil (Eph. 6)
- 17 Fiery ___ of wicked (Eph. 6)
- 20 They wage a good ___ (1 Tim. 1)
- 23 I will lay ___ against thee (Isa. 29)
- 25 I've fought good the ___ (2 Tim. 4)
- 26 Daniel punished in den of ___ (Dan. 6)
- 28 Enemy of Ahasuerus' wife (Est.)
- 29 Walls fell when surrounded (Josh. 6)

DOWN
- 1 Be not entangled in yoke of ___ (Gal. 5)
- 2 Draw back your ___ (2 Kgs. 9:24)
- 5 Is there any number of his ___ (Job 25)
- 6 He is ___ to righteous (Prov. 2)
- 7 How Stephen died (Acts 7)
- 8 Poured out of God's wrath (Rev. 16)
- 9 Lord is ___ of thy help (Deut. 33)
- 14 He ordains ___ against persecutors (Ps.)
- 15 Moses' rod turned to one (Ex. 4)
- 16 Devil is our ___ (1 Pet. 5)
- 18 Made for Mordecai (Est. 7)
- 19 Tyrus ___ by fire (Zec. 9)
- 21 Thou art my ___ and weapons of war (Jer. 5)
- 22 God would send ___ of angels (Mt.)
- 24 Knocked out, then head cut off (1 Sam. 17)
- 27 They that take ___ shall perish by ___ (Mt.)

#82 BIBLE PLACE NAMES - K

KABZEEL
KADESH
KAIN
KAMON
KANAH
KARKA
KARKOR
KARNAIM
KARTAN

KEDAR
KEILAH
KENATH
KEPHIRAH
KERIOTH
KESIL
KEZIB
KIBZAIM
KIDRON

KINAH
KINNERETH
KIOS
KIRIATH
KISHION
KITLISH
KITTIM
KOA

```
M P K T V N F C Z A M M H D L E E U
Y H I A I Q H V B A I M T T W F L K
N O S P B T E Q O E T K E G G A I H
O K Q E A Z H K E M T T R N A D W S
I F A N D A E J Q C I K E E R C Y I
H K E I L A E E B A K Q N O W B M L
S K A I N R K Z L Z F N V V A R T
I K E N A K K K K U V N I K O J J I
K K A D A A A E Y D F L K F B K V K
K K E R R H P M B Z J U I Z I S I T
Y K A T K H F K O U H K V B V N H O
W M A R I A E Y J N P T Z J A Z Q G
L N I R K R Z G A S Z A A H O U T G
P Y A A I O L X K V I H R I I K E N
K H I O N I R E Y M O R N N R F A K
L O T G S R Z B P N Y K T O N I I T
M H Z E W I A T C I G A P R M O K B
Z D K E B M V K X S E L M H S M N W
```

#83 BIBLE PLACE NAMES - M

MAACAH
MACEDONIA
MADON
MAGADAN
MAGOG
MAHANAIM
MAKAZ
MALTA
MAMRE

MAON
MARAH
MEDEBA
MEDIA
MEGIDDO
MEMPHIS
MERIBAH
MESHA
MIDIAN

MIGDOL
MILETUS
MISHAL
MIZPAH
MOAB
MOLADAH
MOREH
MYRA

```
S D U G D F W G E D A Q G M A K A Z
N A I D I M S H H A P Z I M K A W M
V B M E D I A A P L O E C M I Y P O
N A D A G A M J O S R H I N U W F L
M N M A O N L D X M B A O M O V M A
D A Z Z R P G B A Z N D D H U E N D
L Y G X D I E M Y A E Y P I R Q M A
Q H X O M F T B H C H X D I Q S U H
S T B C G S C A A D W G E B S M O Y M
O W X S K Z M M D T Q A B I R T E O
D V O I M B U J M N H Y L Q V D X N
D S N H A M N C M M K E F N E N J D
I V Y P R D Q L A O T Q V B M C L W
G Z Y M A J P D A U R W A A J A M C
E V Q E H W O B S H P E A G R E A P
M N K M B N Z T R S S C H Y Q T L I
Q Y H H S M E S H A A I M P I O T J
Q L J P S C B Z R H N A M X W P A F
```

#84 PROVERBIAL SAYINGS

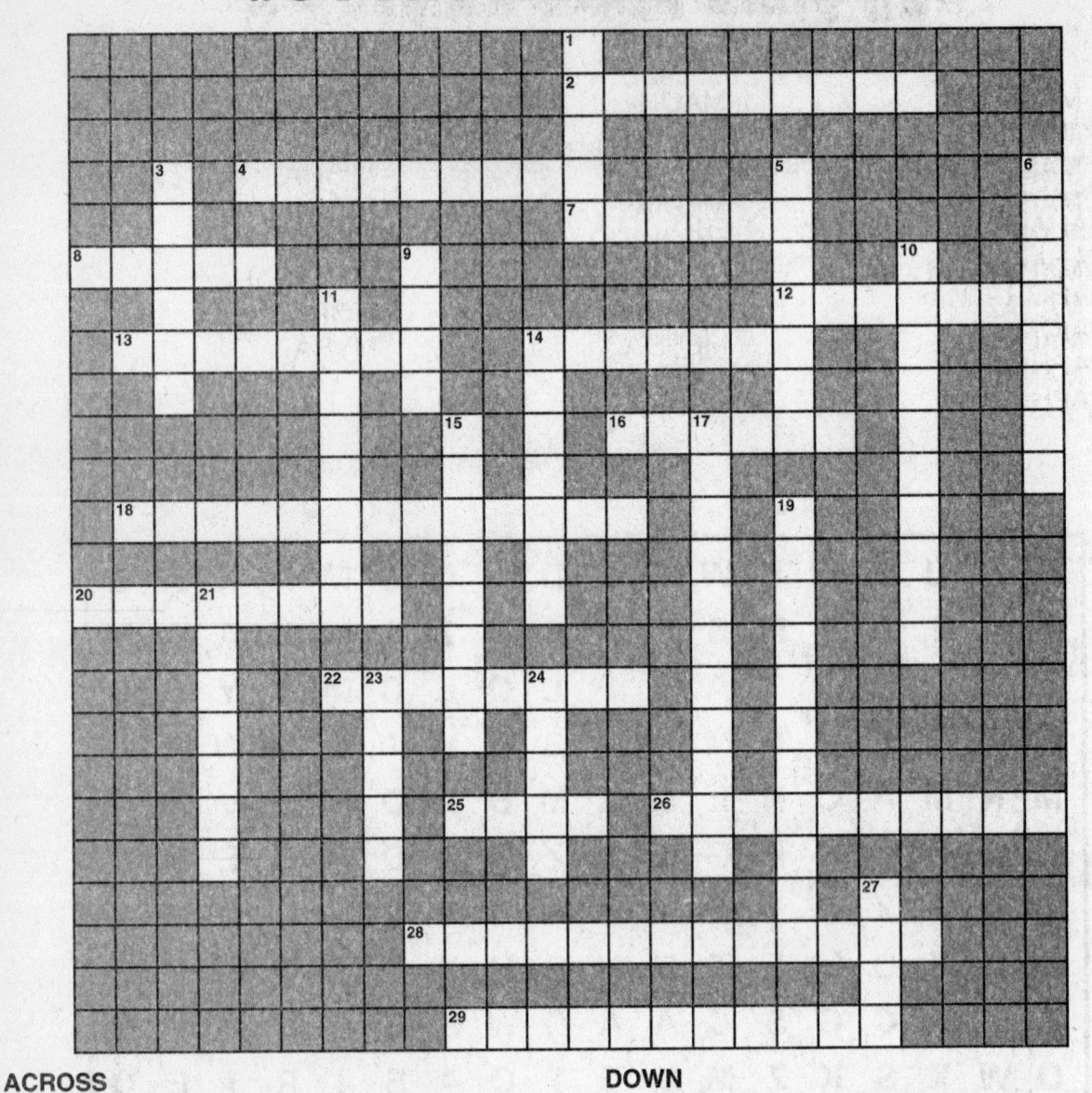

ACROSS
- 2 Righteous is more ___ than his neighbor (12:26)
- 4 ___ in heart makes a man stoop (12:25)
- 7 ___ mercies of wicked are cruel (12:10)
- 8 ___ of righteous shall stand (12:7)
- 12 They that deal truly are his ___ (12:22)
- 13 Wicked shall be filled with ___ (12:21)
- 14 Just shall come out of ___ (12:13)
- 16 Tongue of wise is ___ (12:18)
- 18 Root of ___ shall not be removed (12:3)
- 20 ___ of righteous are right (12:5)
- 22 ___ shall be put to slave labor (12:24)
- 25 Way of a ___ is right in his own eyes (12:15)
- 26 To ___ of peace there is joy (12:20)
- 28 Wicked is snared by ___ of his lips (12:13)
- 29 Lips of truth shall be ___ forever (12:19)

DOWN
- 1 Righteous man regardeth life of his ___ (12:10)
- 3 He who hateth reproof is ___ (12:1)
- 5 A ___ man covereth shame (12:16)
- 6 A ___ woman is a crown to her husband (12:4)
- 9 In way of righteous is ___ (12:28)
- 10 A man shall not be established by ___ (12:3)
- 11 Hand of ___ shall bear rule (12:24)
- 14 He that ___ his land shall be satisfied (12:11)
- 15 Wicked ___ net of evil men (12:12)
- 17 Lying lips are an ___ to Lord (12:22)
- 19 Heart of fools proclaim ___ (12:23)
- 21 Mouth of ___ shall deliver him (12:6)
- 23 A ___ tongue is but for a moment (12:19)
- 24 A good man obtaineth ___ of Lord (12:2)
- 27 A ___ word makes heart glad (12:25)

#85 BIBLE PLACE NAMES - N

- NAAMAH
- NAARAH
- NAARAN
- NAHALAL
- NAHALIEL
- NAHOR
- NAIOTH
- NAPHISH
- NAPHOTH
- NAPHTALI
- NAZARETH
- NEBALLAT
- NEBO
- NEGEV
- NEIEL
- NETAIM
- NEZIB
- NIBSHAN
- NICOPOLIS
- NIMRAH
- NIMRIN
- NIMROD
- NINEVEH
- NOBAH
- NODAB
- NOPHAH

```
I N E G E V M N T A P D V F N N Q O
I U V A Z B B U A G F L B M Z E C T
I N E B O P T A W H N A Z A R E T H
N Q X U E S M G F C S G R N D C Q S
I X W O Y R R K B L Y B C S O O D C
M J Q K K C Q L N T N O I R X B N X
R N I N E V E H K A X A N N X Q A P
A F J M G T O C A R R A H Z S V P H
H N D O R M I N D R I A E A L T H M
N E E K X Q I V A O A R A E L N T N
O Z I X E N E K T A O A I N A A A I
P I G G E X B H R H M L N P V P L Q
H B Q T R P W Z A Y A A H G H Z I L
A B A Y Y A D N D H H I H O V U K E
H I I K L I P G A I S O T F L C T I
M D R N Z L L N Y H M H J A H E Y E
J N N I M R I N S I L O P O C I N N
J T T A L L A B E N H Q A U Y J G B
```

#86 BIBLE PLACE NAMES - P

PADDAN
PAMPHYLIA
PAPHOS
PARAH
PARAN
PATARA
PATMOS
PAU
PEKOD
PELLA
PELUSIUM
PENIEL
PEOR
PERATH
PERGA
PERSIA
PETHOR
PHILISTIA
PHILLIPI
PHOENICIA
PHRYGIA
PIRATHON
PONTUS
PTOLEMAIS
PUNON
PUT

```
H C P U N O N W Y S P H I L L I P I T
T C P E D H B R N M Y N R T S P C B
N F F G U S P P U A A P P T A Q P P
N U D A U E A I A R D A E U E B I T
M Y I L N I S S A M T D P R L K M O
P Q O I G U J P O A P A A O A X J L
Z S E Y L S P H R H T H C P T T O E
D L R E F E E A A M P P Y P A P H M
U H P G V F O A O R E A E L G L F A
P E P U T E R S P K A L P H I Q O I
K P T A U F W V O X L P A R M A Y S
M F B I I Y P D X A J I R D H T S D
P X A S P S T R A T G P O N T U S Z
E Y H R X E O K F P H O E N I C I A
O M S E P H I L I S T I A Q C Z J A
R N J P T U Y T Q Z A G R E P D W X
J N X E G Y O O P I R A T H O N M G
U F P X K T D L W A S X M P M W Y W
```

#87 ACTS AND WORKS OF THE HOLY SPIRIT

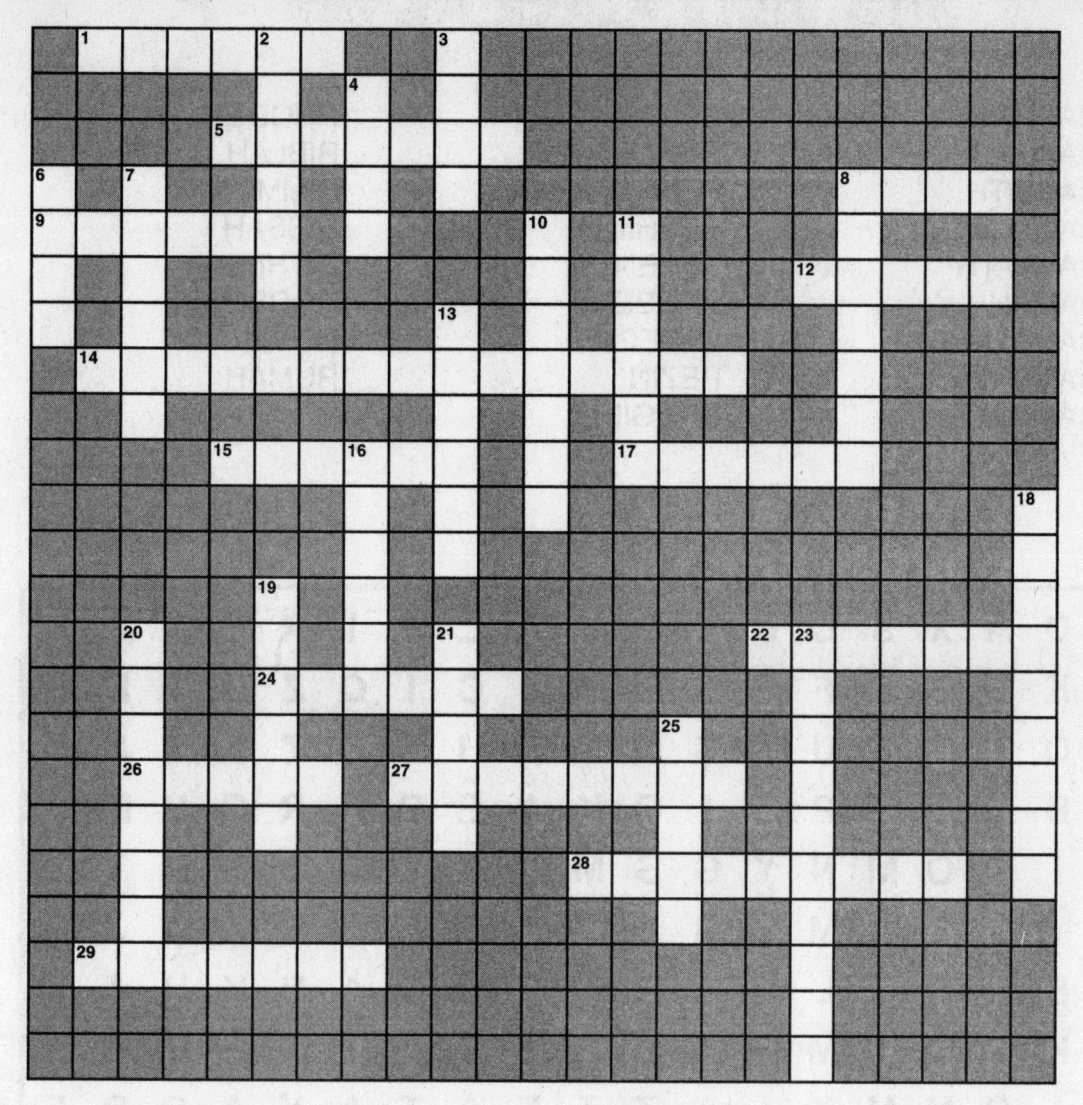

ACROSS
1. Enabled to interpret dreams (Gen. 41:39)
5. Presbytery imparted spiritual gifts (1 Tim. 4:14)
8. Turned into another man (1 Sam. 9:27; 10:6)
9. Joined David at Ziklag (1 Chr. 12:18)
12. Healed broken hearted (Lk. 4:18)
14. Unable to capture David (1 Sam. 19:20)
15. Received a double portion (2 Kgs. 2:9)
17. Lead into the temple (Lk. 2:25-27)
22. Preached revival under Asa (2 Chr. 15:1-8)
24. Imparted with wisdom (Dan. 4:8-9)
26. Tailored garments for ___ (Ex. 28:3)
27. Vowed a vow (Judg. 11:30)
28. Spoke loud and blessed Mary (Lk. 1:41-42)
29. Executed judgment upon ___ (Acts 5:3)

DOWN
2. Transported through air (Acts 8:39)
3. Filled from birth (Lk. 1:13-15)
4. Descended in bodily shape as ___ (Lk. 3:22)
6. Scales fell from his eyes (Acts 9:17-18)
7. Prophesied a parable (Num. 24:2-3)
8. Saw heavens opened (Acts 7:56)
10. Victory for Caleb's younger brother (Judg. 3:9-10)
11. 70 ___ shared Moses' anointing (Num. 11:25)
13. Fell upon this nation (Eze. 39:29)
16. Empowered as Philistines shouted (Judg. 15:14-16)
18. Loosed his tongue to prophecy (Lk. 1:67)
19. Blew a trumpet (Judg. 6:34)
20. Renewing chaotic earth (Gen. 1:2)
21. Sent this man to Caesarea (Acts 10:19-20)
23. Was given strength to build the temple (Zec. 4:6-9)
25. Sweet psalmist of Israel (1 Sam. 16:13)

#88 BIBLE PLACE NAMES - R

RAAMAH	RECAH	RHODES
RABBAH	REHOB	RIBLAH
RABBITH	REKEM	RIMMON
RACAL	REPHIDIM	RISSAH
RAKKATH	RESEN	RITHMAH
RAMAH	REUBEN	ROGELIM
RAMATHAIM	REZEPH	ROME
RAMOTH	REZIN	RUMAH
RAMESES	RHEGIUM	

```
D A X S C U R O H A L B I R E R L H
K J C E F R A M P J C I Q Z J I D B
Q M T S U T G Q R H H S O Z R T E G
B U U E P Z I O K A E B R R Q H M H
I I O M N Y G S M D R V A B R M T J
M G S A M E N A O A R B H R A A J H
E E E R L O A H B R B A A B K H A K
K H Q I M R R B E I C C I K H M R Z
I R M M X I A Z T E A T A Y A O P F
M O I Q S H I H R L Z R L R M A N A
I R W S N N X M E K E R E E U R O P
D D A W E V Y T O D L H M K R E I O
I H T R S R S N C C Y T V I R U B H
H K S E E T Y N R S U O O R T B U L
P Z L Z R O X E E V Q M J J J Z E V H
E H T E E U H C O W S A L A Q N C I
R K Y P V O N E F M J R O A U S E S
L E D H B P R A M A T H A I M X O Y
```

#89 BIBLE PLACE NAMES - S

SALAMIS
SALECAH
SAMARIA
SAMGAR
SAMOS
SARDIS
SARID
SEIR
SELEUCIA

SHARON
SHEBA
SHESHACH
SHESHAI
SHILOH
SHINAR
SHITTIM
SIBMAH
SIDON

SINAI
SMYRNA
SOCOH
SODOM
SUCCOTH
SUSA
SYCHAR
SYRIA

```
N T S O C O H V X S R Z Z O S X K H
U N O D I S L H S C S I B M A H R T
R H M W I M Q W M I B M J T U D Q O
I Y L G D O Q K S N I Q F T E H R C
I J D Z Q D L N M I T T I H S S C C
A X X Y Q O X Q R F X F F F J U K U
N S S P R S S F H Q S R Q C L S H S
I S C A H A N A A A S A O C L A K Q
S I I E M O G I L H C I M H O M S R
X D B D R O C M E A A E H A R J Y I
T A I A R U S S A H M O L A R A C X
F R H R E A H Y S S L I N A N I H J
R S I L A A S E Q I P I S K S P A P
J F E E C S H H H R H P Y Y S F R K
C S X H S S R S C S L K Q W Y Y X X
A G O B Z S M Y R N A Y C T R U O F
P Z Z R J I B U E P G Q D E I L T Q
R V R M I E L P A P S T U D A K M A
```

#90 BIBLE CONCORDANCE

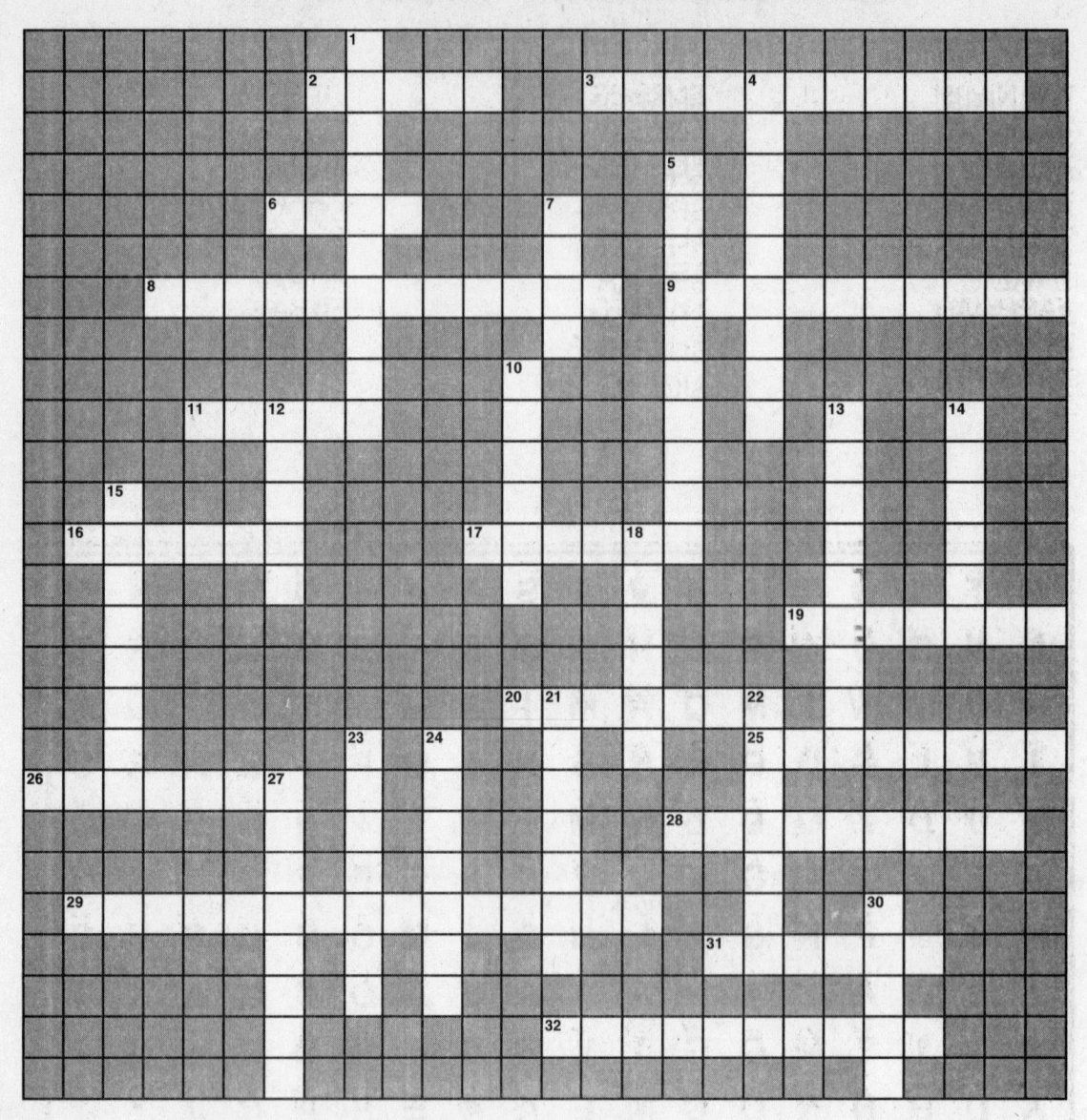

ACROSS
2 Handsome male (1 Sam. 16:12)
3 Meal before crucifixion (1 Cor. 11:20)
6 Sediment at bottom of wineskin (Isa. 25:6)
8 Polished surface for reflection (Ex. 38:8)
9 Large worm (Prov. 30:15)
11 Collect portion of crop leftovers (Jer. 49:9)
16 Legume (2 Sam. 23:11)
17 Royal color (Judg. 8:26)
19 Divinity (Rom. 1:20)
20 Wife of King Ahab (1 Kgs. 16)
25 Evening (Gen. 24:63)
26 Abraham's second wife or concubine (Gen. 25:1-4)
28 Ark of Covenant covering (Ex. 25:11-22)
29 Babylonian king (2 Kgs. 20:12)
31 Plant used at crucifixion (Jn. 19:29)
32 He lived a long time (Gen. 5:21-27)

DOWN
1 Four-soldier guard (Acts 12:4)
4 Female who uses evil power (Isa. 57:3)
5 Garden near Jerusalem (Mt. 26:36)
7 Abstain from food (Est. 4:16)
10 Method of Godly punishment (Ex. 9:14)
12 Carnivorous bird of prey (Job 9:26)
13 Building for Jewish worship (Lk. 4:16)
14 To use abusive language (Mk. 15:32)
15 What Eve was to Adam (Gen. 2:18)
18 Small spear (1 Kgs. 18:28)
21 Hemorrhoids (Deut. 28:27)
22 Chronic skin disease (Lev. 14)
23 One of Job's three friends (Job 2:11)
24 Hard labor (Isa. 53:11)
27 Prophet and author
30 Precious yellow/orange stone (Job 28:19)

#91 BIBLE PLACE NAMES - T

TAANACH   TARSUS   TIPHSAH
TAANATH   TEKOA   TIRZAH
TABOR   TEL ABIB   TISHBE
TADMOR   TELEM   TOPHEL
TAHPANHES   TEMAN   TOPHETH
TALMAI   TERAH   TROAS
TAPPUAH   THEBES   TUBAL
TAMAR   THYATIRA   TYRE
TARSHISH   TIMNAH

```
A R I T A Y H T Z B R J J U E F Z F
F P Y F W S T U B A L O L P T P R N
L R J Z T E H U X Z T K Z B Y L C A
E H F L I B A A Z D L O D L U N M L
H W A K C E R T B I B A L E T E N X
P H J N R H E E V T I P H S A H I G
O T Z Y M T T L H K T M T S R W J F
T E T F V I Q E D C E A R A T T T X
X H H T C S T M T B A A A A B Q S S
V P S A A A H T H A M N P N A O T P
U O E R H O S S Q A D P A T A A R T
Q T G S J R I J T P U M A A H T N I
J U A U V T H R C A L L O P T A H R
W O O S M D S M H R M Z A R M E H Z
P L K B S D R F K A S N P E Y G A A
K B E K Y V A S I C H P T K O D C H
N E T U P H T L A E T J K E A N P H
E H N E P S V T S I C A P G O Q K K
```

#92 BIBLE PLACE NAMES - Z

ZAANAN	ZEDAD	ZIOR
ZAHAR	ZELA	ZIPH
ZALMON	ZELZAH	ZIZ
ZANOAH	ZEMARAIM	ZOAN
ZAPHON	ZENAN	ZOAR
ZAREPHATH	ZIDDIN	ZOBAH
ZARETHAN	ZIKLAG	ZORAH
ZEBOIM	ZIMRI	ZUPH
ZEBULUN	ZION	

```
X O L I Q Z O B A H V S R N Q P C Z
Z J W S V L A C X P F Z S G B O O H
M G T T M Z O R A H R L N O V A V H
H A Z L E Z S S C N P A Z A N O T A
V D L J S H L C Q G O I H Q N A E Q
J Q N A N E Z L E Z P M L A H A N H
A A H A P R O I Z H A A L P Z A A G
C P D B A M L M P Z O N E A H W S Z
T F V L W I L R R W A R O T Z F X V
A P G J S A T Z A G A P E A M V Z Z
Z Q Z O A R V H I Z G R H I H E E D
C B S U S A F Z Z O A H O O B S Z J
Z N N X U M L U I Z N B F U N E L Z
G F R I Z E Y K K G E Z L D D B E X
H Z G A D Z Q Z L Z C U I A J L Q X
C U Z I D D I N A Y N A D Z A J P B
W P V Q B U H Q G L U I R M I Z O F
I H X J E O L G K Q F V H O P P W A
```

#93 JOHN'S VISION OF CHRIST: Revelation 1

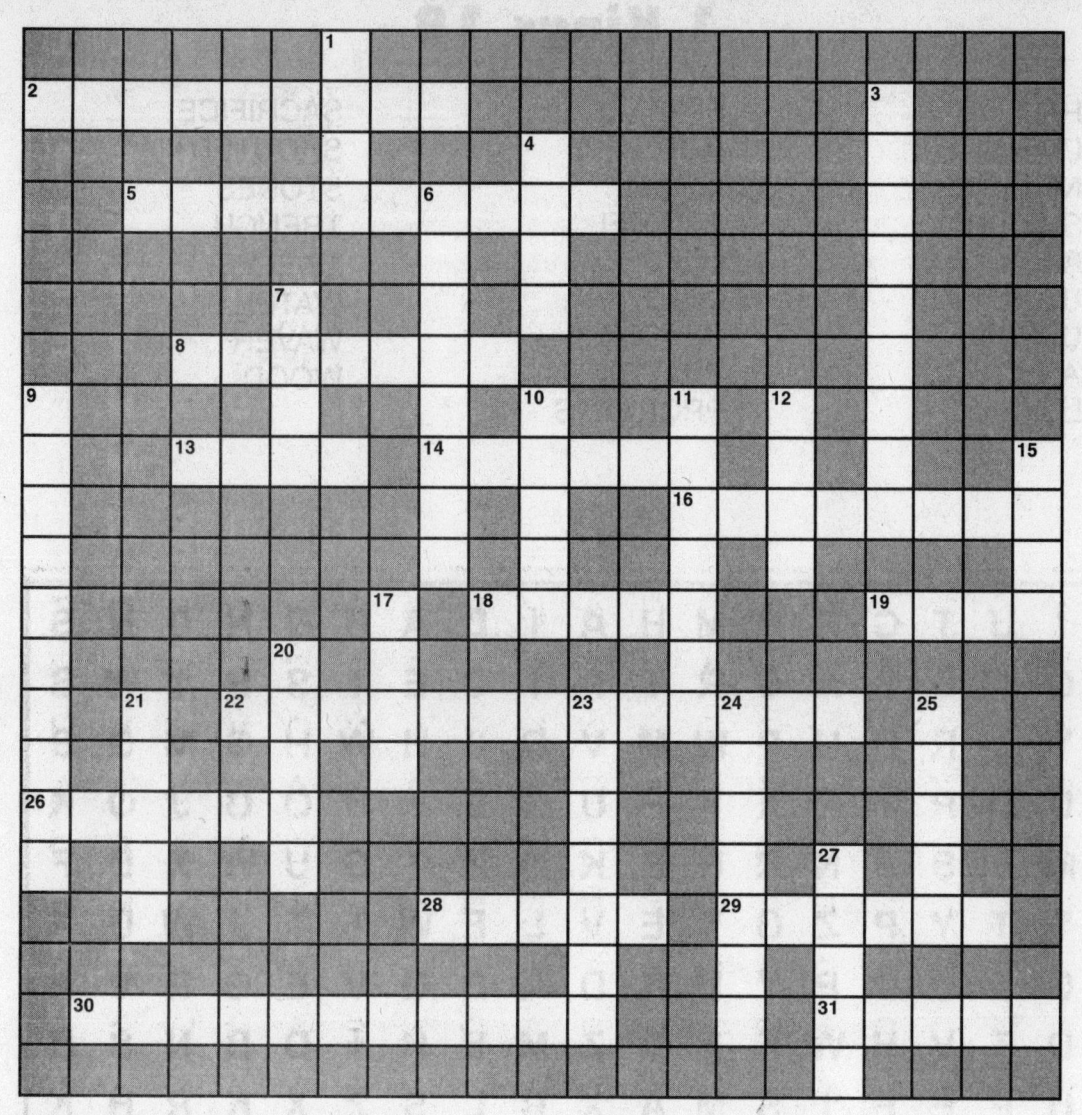

ACROSS
- 2 Feet as if burned in a furnace (1:15)
- 5 To unveil ___
- 8 Reward for reading (1:3)
- 13 Substance of candlesticks (1:12)
- 14 Around paps/chest (1:13)
- 16 Title of Christ (1:8)
- 18 Number of candlesticks (1:12)
- 19 Signifies power and authority (1:18)
- 22 Christ's resurrected position (1:5)
- 26 Accompanying his coming (1:7)
- 28 Messenger (1:1)
- 29 Believer's role (1:6)
- 30 Faithful witness (1:5)
- 31 Like wool (1:14)

DOWN
- 1 Response of all kindred (1:7)
- 3 Alpha (1:8)
- 4 Authentic witness (1:2)
- 6 Type of sword (1:16)
- 7 Place of eternal destiny (1:18)
- 9 Heard behind John (1:10)
- 10 Command given to John (1:19)
- 11 Expression to calm (1:17)
- 12 ___ is at hand (1:3)
- 15 As flaming fire (1:14)
- 17 Omega (1:11)
- 20 Place Christ stood (1:13)
- 21 This washed our sins (1:5)
- 23 Outer wear (1:13)
- 24 Instrument describing a voice (1:10)
- 25 Day of John's revelation (1:10)
- 27 Hand holding seven stars (1:16)

#94 ELIJAH ON MOUNT CARMEL
1 Kings 18

- AHAB
- ALTAR
- ANSWERS
- ASHERAH
- BAAL
- BULLS
- BURNED
- CALL
- ELIJAH
- FIRE
- GOD
- ISRAEL
- JEZEBEL
- LORD
- MEET
- OBADIAH
- PRAYED
- PROPHETS
- SACRIFICE
- SHOUTED
- STONES
- TRENCH
- TWELVE
- WATER
- WAVER
- WOOD

```
I U T G N R M H A I D A B O N D N S
O F S S A C R I F I C E I S B I W S
Y L R D H P W M V Q J H W H G M O S
U D R Y R X F P U X E F U O G J O K
M A S A N R R E K N Z T G U W X D F
T T Y P Z O T E V L E W T T J W D X
G E Q D P Y E K D A B Q V E G R V A
D T V H W F E D Z M E H I D B N S H
U P E F I S M A X B L S Z X K R H K
R T G I C M S L S R A L L A P A D H
S S Y L R M V R V H E A D L J X B L
Y H J G I Y R D E A E O L I U E B U
M T R E N C H A R W G R L N B B M O
A N U Z U M A S T E S E A U Q Z C W
D R K N J X I H R L C N R H D P G D
R S E N O T S I A A A N A N J S D T
O W A V E R F V L B E P N L T J D M
L T G I D Y Z L Y D R E T A W Y P T
```

#95 THE SONG OF MOSES: Deuteronomy 32

APPLE
ARROWS
COBRAS
CURDS
DESERT
DEW
DOOM
EAGLE
ENEMY

FAMINE
FIRE
GODS
HONEY
IDOLS
LORD
MILK
NEST
PLAGUE

POISON
RAIN
ROCK
SAVIOR
SWORD
VENOM
VINE
VIPERS

```
G Z P K T E T V Q S H W A T U F L Q
S O H M K S I R G X E D W V X N J E
A C O W J P M J C N T F V G N I T D
V Q K D E S G Z I X B Q K H Q X W U
I E Q R P S Y V Z C K E R L X M Z W
O C S F G U N K P H S Z V D C C G
R D R Q P Z C N B Z O E E C E M O T
S S O F F O Q D R O W S W M N N T X
H J L I R P Z H C M D W D U Z J M O F
M X D R S N S Z A Y E D Q U V L E M
K O A E O D K A N R R L O B G I F S
Y I O S S P R E R O R W P O L Y Z I
N M I D L E S U L B C O D P F U R L
I O E A E T R S C Y O S W A A V C T
P J G N K A L T E T E C M S A X F X
R U M L E O G N W R O I L M C W O Z
E B I E D Q O L I E N H C Y N A B W
K M C I P H B F E E D P H Z U W Q Y
```

#96 WOMEN OF THE BIBLE

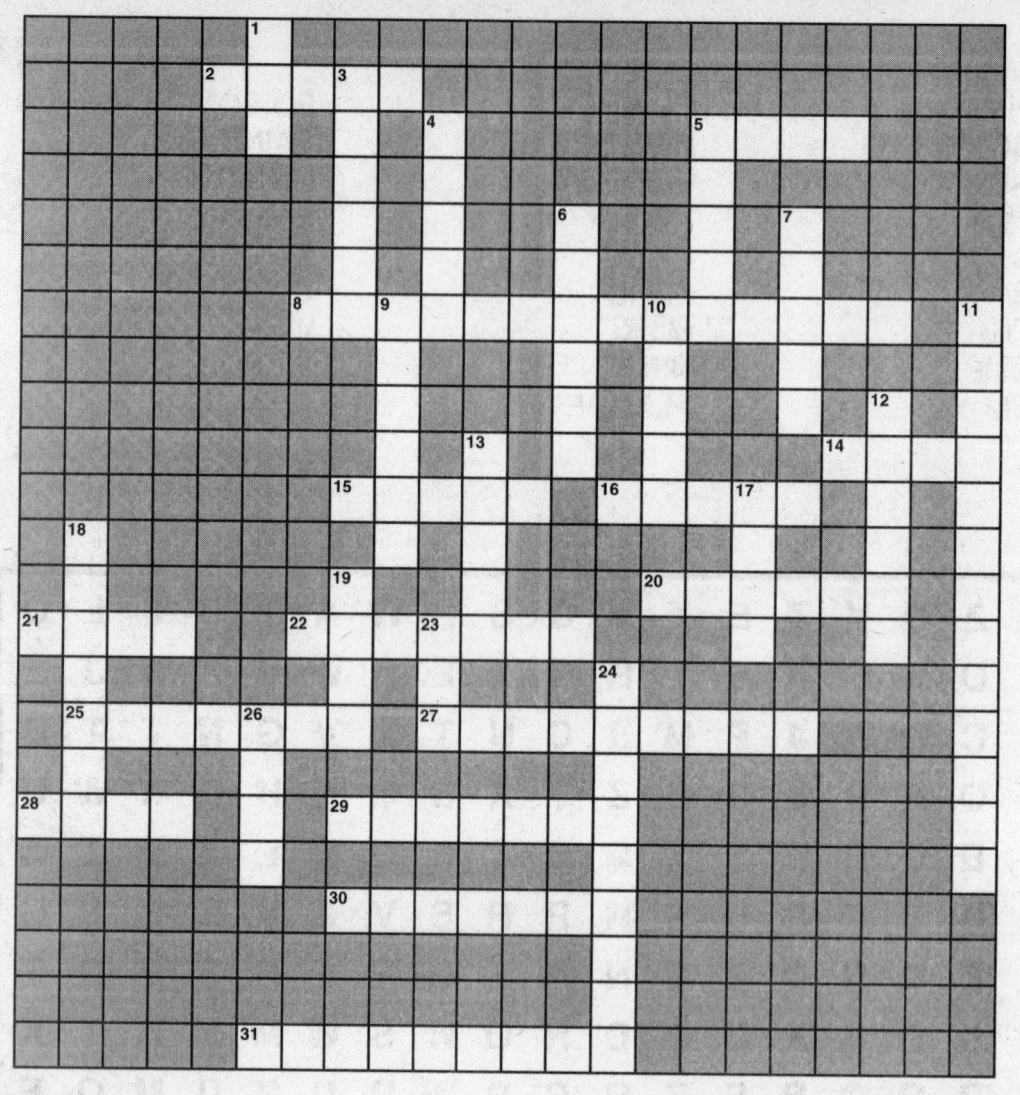

ACROSS
2. Prostitute married to Hosea (Hos. 1:3)
5. Tried to seduce Joseph (Gen. 39:7)
8. Jesus offered her living water (Jn. 4:9-10)
14. Sat at Jesus' feet (Lk. 10:39)
15. Very old mother (Gen. 18:12)
16. Brothers avenged her rape (Gen. 34:5-7)
20. Gave son to Lord (1 Sam. 1:20)
21. Blessed among women (Lk. 1:27-28)
22. Wife of King Ahab (1 Kgs. 16:31)
25. Prophetess and judge (Judg. 4:4)
27. Child leaped in her womb (Lk. 1:41)
28. Gave Sisera a headache (Judg. 4:21)
29. Shaved Samson's hair (Judg. 16:18)
30. Esau's mother (Gen. 25:28)
31. Tentmaker in Corinth (Acts 18:2-3)

DOWN
1. Wife wanted him to curse God (Job 2:9)
3. Paul urged her to settle argument (Phil. 4:2)
4. Seller of purple cloth (Acts 16:14)
5. She put in her 2 mites (Mk. 12:42)
6. Wife of King Xerxes (Est. 2:16)
7. Mother of twins (Gen. 38:24-27)
9. Stricken with leprosy (Num. 12:10)
10. Ruth's mother-in-law (Ruth 1:3-4)
11. Saw resurrected Jesus (Mt. 28:1)
12. Mary's sister (Lk. 10:38-39)
13. Prostitute who hid spies (Josh. 2:1)
17. She told about Jesus at temple (Lk. 2:36)
18. Sent greetings with Paul (2 Tim. 4:21)
19. Jacob married her (Gen. 29:23)
23. Ate forbidden fruit (Gen. 3:6)
24. Mother of Solomon (2 Sam. 12:24)
26. Married Boaz (Ruth 4:10)

#97 WORDS OF NAHUM

CITY
DARKNESS
DESTROY
ENEMY
EVIL
FIRE
FOES
GATES
GOD

GUARD
LORD
NATIONS
NINEVEH
PLUNDER
PURSUE
REFUGE
SHACKLES
SIEGE

SPLENDOR
SWORDS
TROOPS
VENGEANCE
WICKED
WOE
WRATH
YOKE

```
L A N V Z E U S R U P N I D J X N D
Z D L J H V D C Z F P H Q O V K Q Q
X R W R A T H P B C N A W E Z K X T
S O A P U H Z E O W N T N J X C S C
E D W D U I H G T I W G M Y E E I T
L N S Q F H T W N F E V G V T Y N Y
K E D N Q J I E O A R N I B P I H M
C L R B X D V E N E N L E W B M C K
A P O Q B E S C R A Y H D N D A G M
H S W R H W E I Z M B E R A W O D P
S F S W Q L F B E T S K R I D Q U L
N F A O S Q J N I T F K C S F D Q U
K Z E G U F E R R V N K E S R I D N
A L B E U U E O D E E T P A X R H D
I V R G Y R Y S S D A O U R O B A E
V S R E R F X S K G O G H L B T M R
S N O I T A N Y J R U C N T V F L K
Q I Z S Y F Z W T U X I E K O Y K G
```

#98 TAME THE TONGUE: James 3

BITS
BOASTS
BODY
CORRUPTS
COURSE
CURSE
DEADLY
EVIL
FIRE

FOREST
FRESH
HORSES
MOUTHS
OBEY
PART
POISON
PRAISE
RUDDER

SALT
SHIPS
SMALL
SPARK
SPRING
STEERED
TAME
WATER

```
Y M Z M X P X F T T R D C W W L K T
D D F V H U S K Y F L R E A L S N A
S Z P E U K R A P S J U T N U A T Y
P B Q F F X P F Z G B E I U J M T K
I P O Q H M W P L E R A D D V Q B V
H S S S T E E R E D R K D K C M H J
S M N F V Z T Y P Z C T A C T K V U
V A I R C P C D E N Y V E T F Y F P
S L N B I O U O C S Y L F V E I O N
P L V I O I R F U C R U D B I I R H
R N V B H D R R F R I U O A S L X E
I K Z L O E Y O U H S M C O E P Q R
N R T B S A R T O P O E N F R D E Q
G Z Q H I E S R V U T T Q A L D B S
E Z M M S T S T T D R S I M D K A V
B M B T X E S H S A D S E U C L C X
M Q A D S K S W P M E V R Y T G S F
K F G T K E K T B J G Y W J F R I I
```

#99 FAMOUS TWELVES

ACROSS
- 3 Son of Zebedee (Mt. 10:2)
- 6 Jesus chose 12 ___ (Mt. 10:2)
- 7 Nethaneel ___ (Num. 1:8)
- 8 The Canaanite (Mt. 10:4)
- 10 Son of Alphaeus (Mt. 10:3)
- 13 Surname Thaddaeus (Mt. 10:3)
- 16 Chosen after Philip (Mt. 10:3)
- 18 Brother of James of Zebedee (Mt. 10:2)
- 20 Go to the lost ___ (Mt. 10:6)
- 21 The ___ of Israel (Num. 1:5)
- 24 Also called Simon ___ (Mt. 10:2)
- 25 This is at hand (Mt. 10:7)
- 26 Chosen after John (Mt. 10:3)
- 28 Shelumiel ___ (Num. 1:6)
- 29 Ahira ___ (Num. 1:15)
- 30 Pagiel ___ (Num. 1:13)
- 31 Are of the tribes of their fathers (Num. 1:16)

DOWN
- 1 The apostles first called this (Mt. 10:1)
- 2 The betrayer (Mt. 10:4)
- 4 The Lord spoke this to ___ (Num. 1:1)
- 5 Ahiezer ___ (Num. 1:12)
- 9 Publican ___ (Mt. 10:3)
- 11 Eliasaph ___ (Num. 1:14)
- 12 Nahshon ___ (Num. 1:7)
- 14 Chosen after Bartholomew (Mt. 10:3)
- 15 Go not into this way (Mt. 10:5)
- 17 Elizur ___ (Num. 1:5)
- 19 Eliab ___ (Num. 1:9)
- 22 Abidan ___ (Num. 1:11)
- 23 Elishama ___ (Num. 1:10)
- 27 Peter's brother (Mt. 10:2)

#100 WORDS OF MALACHI

ALTAR
BURN
COVENANT
CURSE
DEFILED
DESERT
ELIJAH
FEAR
FIRE
FURNACE
GOLD
INCENSE
ISRAEL
JACKALS
JUDGMENT
LORD
NATIONS
OFFERINGS
PRIESTS
RUINS
SACRIFICES
SILVER
TEMPLE
TITHES
WASTELAND
WICKED

```
I L D M R Y Z W X X S K K V W Q I Y
S N L T D U A M A R S T Y I K G V A
W X C Q E V I R W L F E S J D Z A S
M Z F E P M I N C I T J H E P D W E
J W Z F N R P G S O N A L T I H Z C
Y S I N U S D L C H V I R T I R H I
U G I C S R E W E U F E R B H T P F
E N B N K Y N R A E R E N A U Q O I
Y I R N P E Z A D S S S J A R R F R
J R E P A T D G C E T I E A N I N C
U E V L D L O G D E L E E T R T I A
D F L W D R O L N E Z F L E P A C S
G F I N A T I O N S O E F A Y U I K
M O S C L C N C V H A Z Y J N M E T
E T E V I Y A F I R D G A E M D P P
N F R H M N D F S P V S U A A G C P
T I E C S K D I Z W G L Q Y Q J Q M
R C G C A Y Y W J A C K A L S T B F
```

#101 SOWING SEEDS: Matthew 13

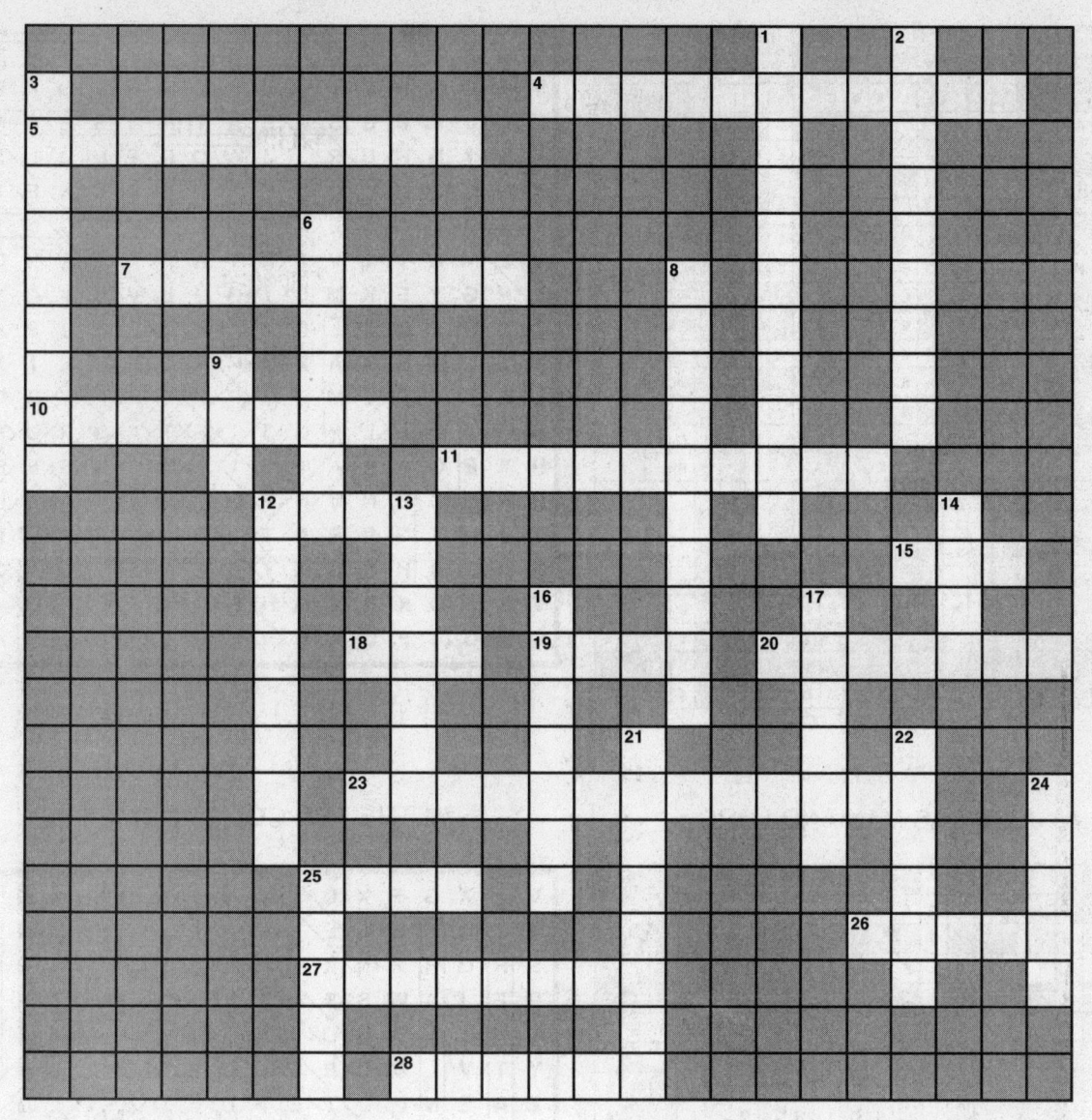

ACROSS
- 4 A hundred times as much (13:23)
- 5 Not fertile (13:22)
- 7 Hidden secrets (13:11)
- 10 Consumed (13:4)
- 11 Callous heart (13:15)
- 12 Where Jesus sat (13:2)
- 15 Fruit of Spirit (13:20)
- 18 To hear with (13:20)
- 19 Immediately (13:20)
- 20 Word of the ___ (13:19)
- 23 A tendency to mislead (13:22)
- 25 It germinates (13:4)
- 26 Wicked one (13:19)
- 27 Lacking moisture (13:6)
- 28 Deprived of breathing (13:7)

DOWN
- 1 Early Christians endured ___ (13:21)
- 2 A change of direction (13:15)
- 3 A large crowd (13:2)
- 6 To bring forth or produce (13:23)
- 8 Properly prepared soil (13:8)
- 9 Created fourth day (13:6)
- 12 Burned on surface (13:6)
- 13 Illustration of truth (13:3)
- 14 Sown in the heart (13:19)
- 16 Unenclosed field (13:4)
- 17 Wealth (13:22)
- 21 One sinned against (13:21)
- 22 Man of unclean lips (13:14)
- 24 Rigid terrain (13:5)
- 25 Farmer (13:3)

#1 END TIMES

#2 THE NOBLE WIFE

#3 JESUS AS MAN AND LORD

#4 THE TEN COMMANDMENTS

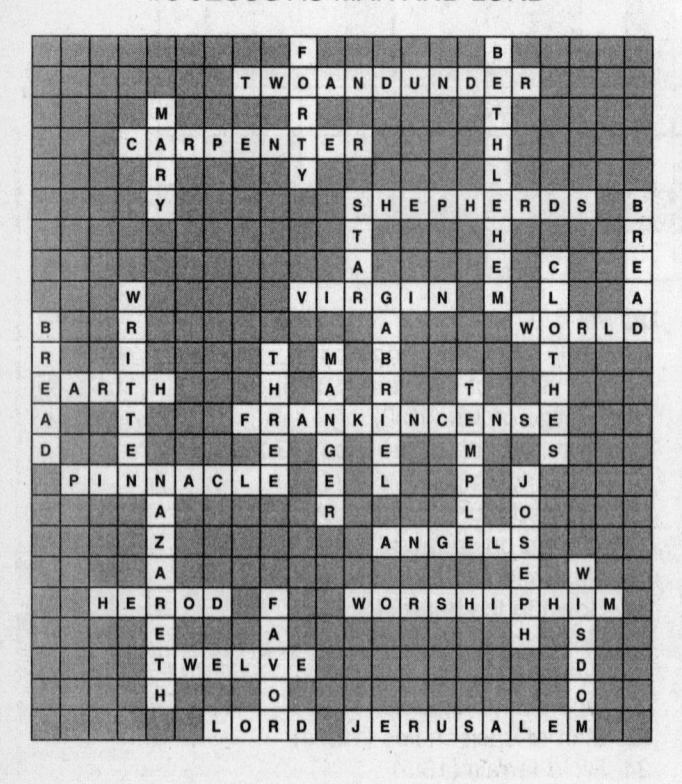

#5 DEACONS

#6 STRENGTH AND SUBMISSION

#7 JONAH'S ADVENTURE

#8 FIRSTBORNS' NAMES

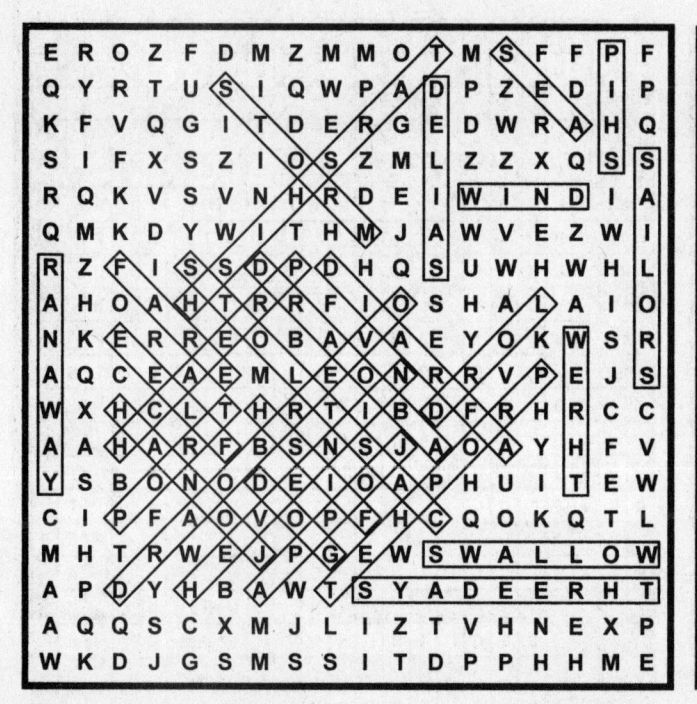

#9 KING SOLOMON'S WISDOM
#10 MORE FIRSTBORNS' NAMES
#11 PRE-ISRAEL KINGS
#12 VERSES WORTH REMEMBERING

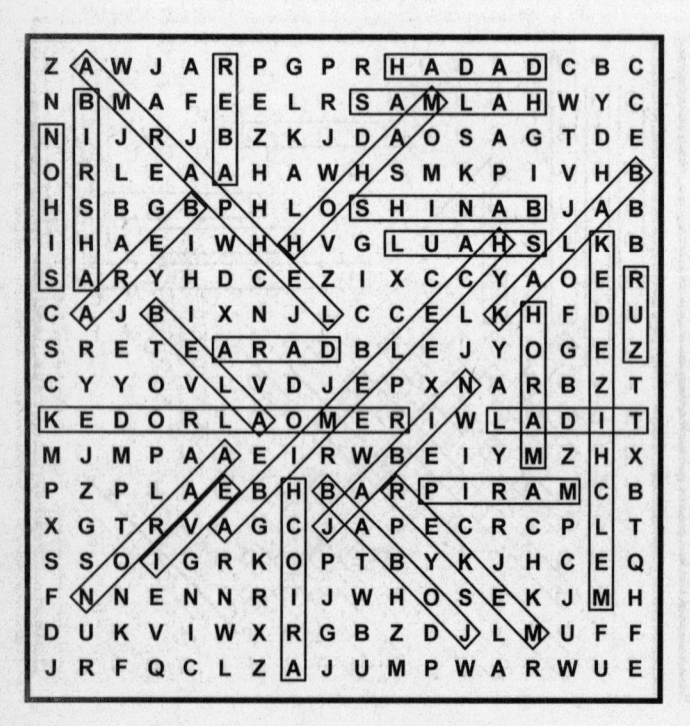

#13 REVELATION IMAGERY

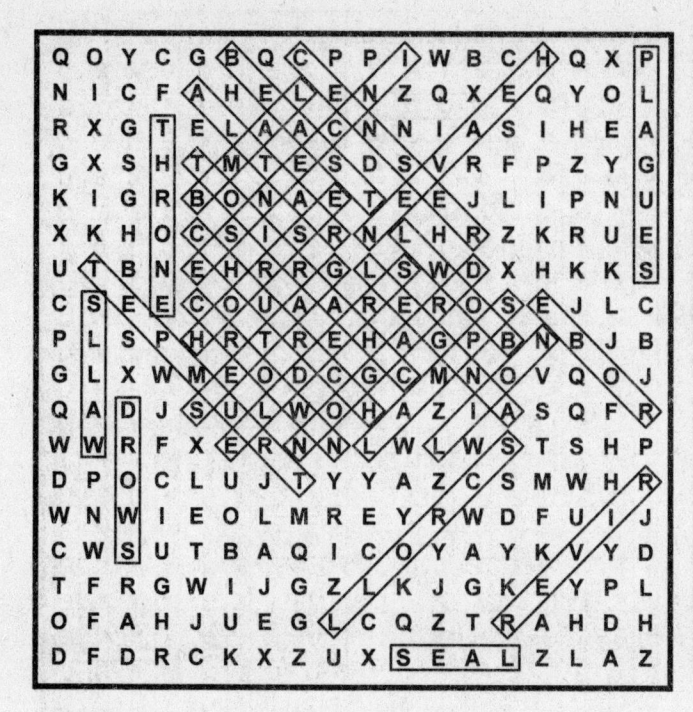

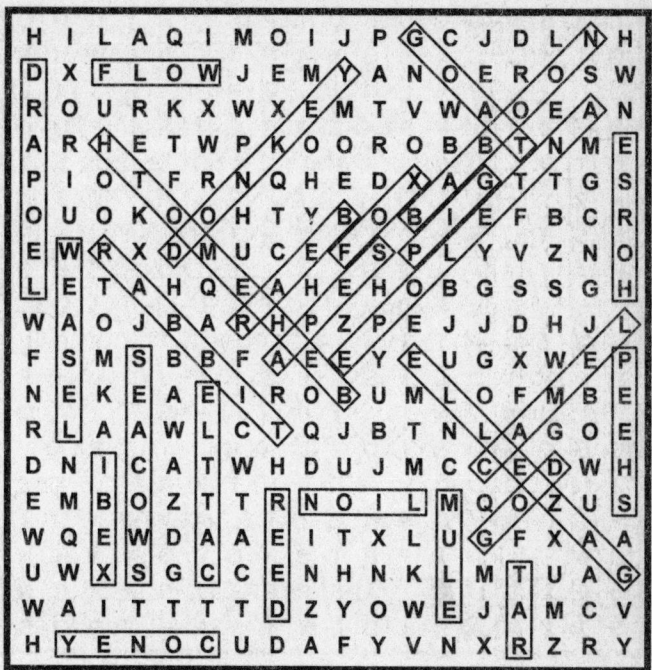

#14 ANIMALS OF THE BIBLE

#15 MUSIC

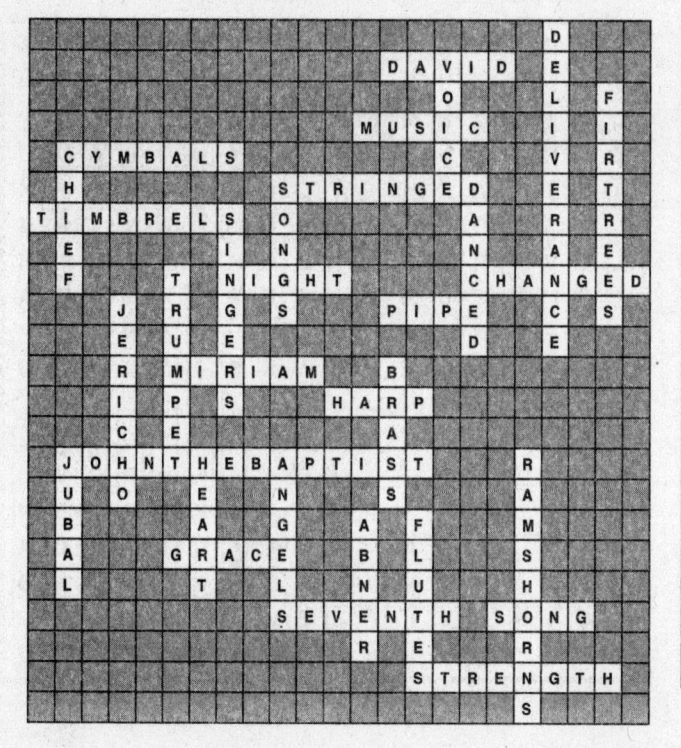

#16 PLACES

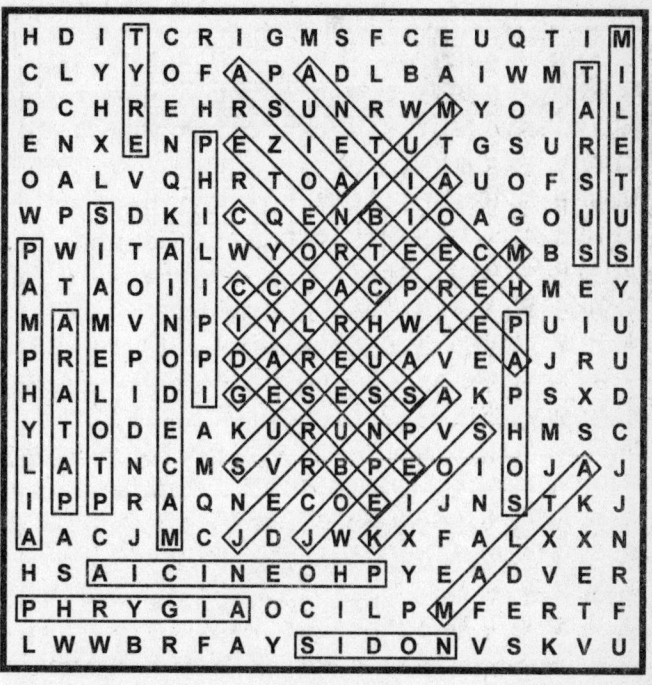

#17 PLACES

#18 WISE SAYINGS FROM PROVERBS

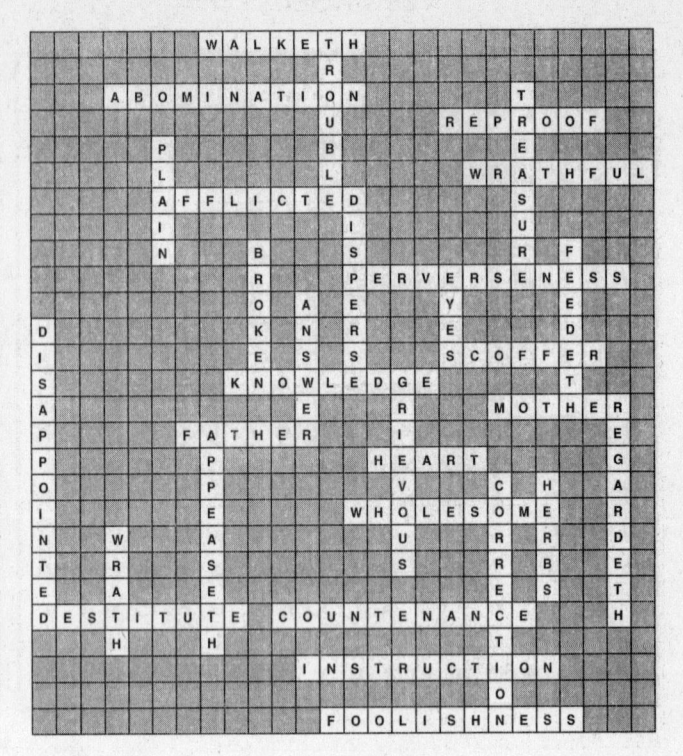

#19 THEY FATHERED KINGS

#20 NEW TESTAMENT BELIEVERS

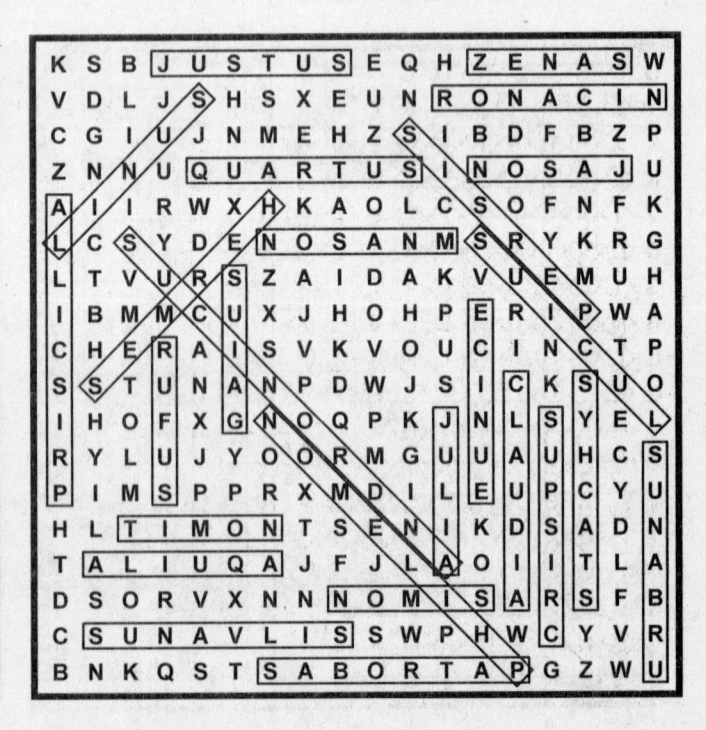

#21 ANGELS

#22 THE PARABLE OF THE SOWER

#23 BIBLICAL PEOPLE - L

#24 THE LIFE OF MOSES

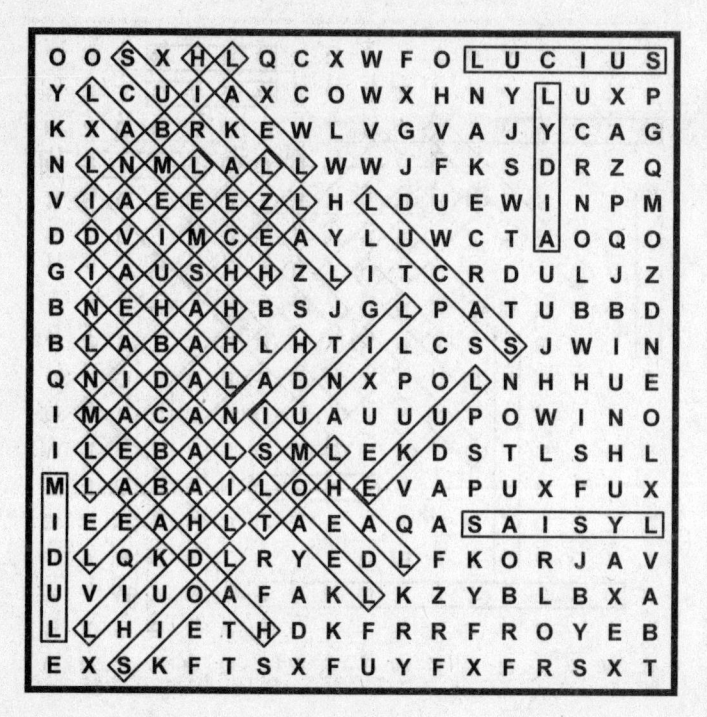

#25 BIBLICAL PEOPLE - M

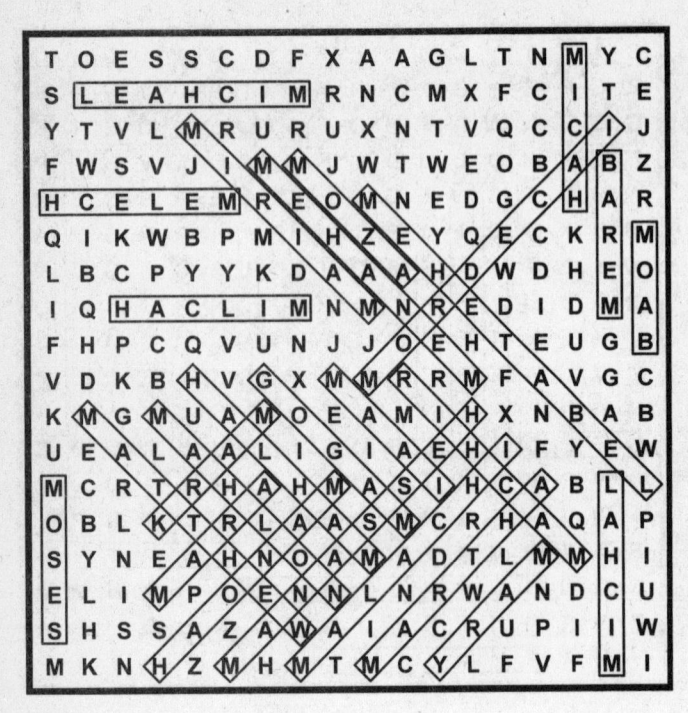

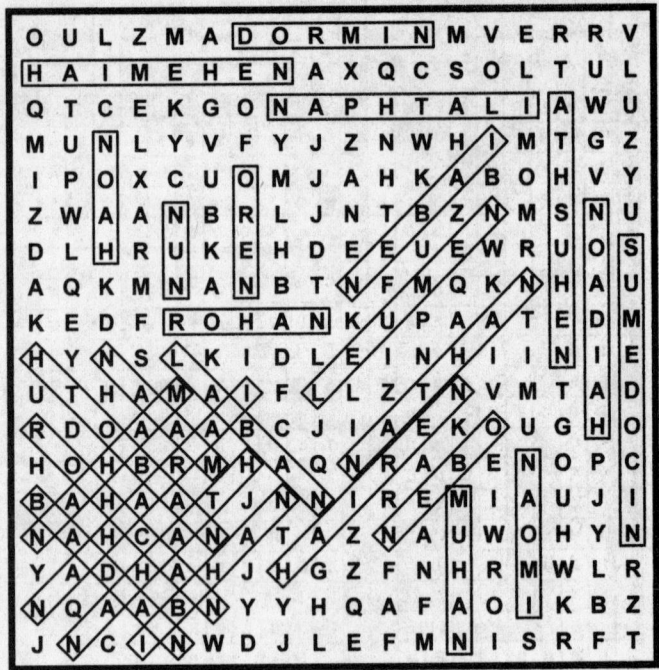

#26 BIBLICAL PEOPLE - N

#27 BIBLE LEXICON

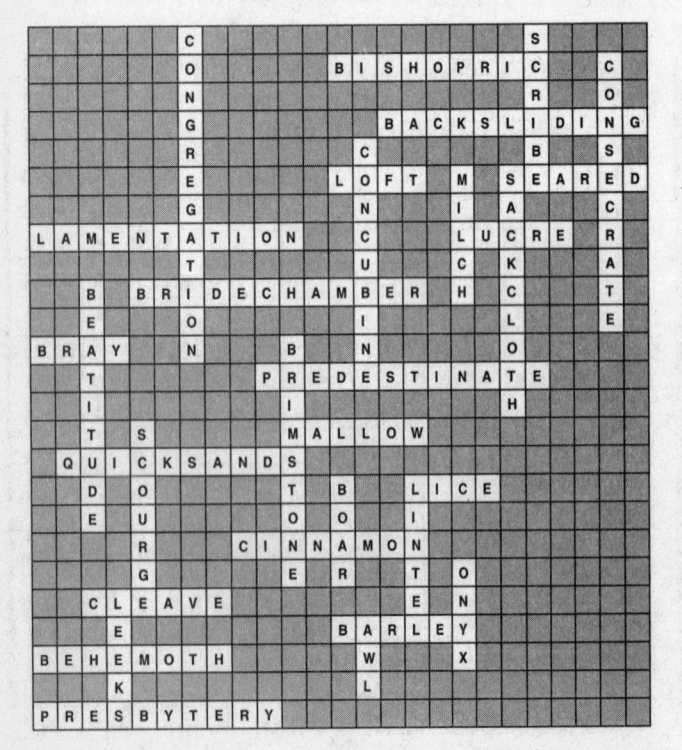

#28 BIBLICAL PEOPLE - O

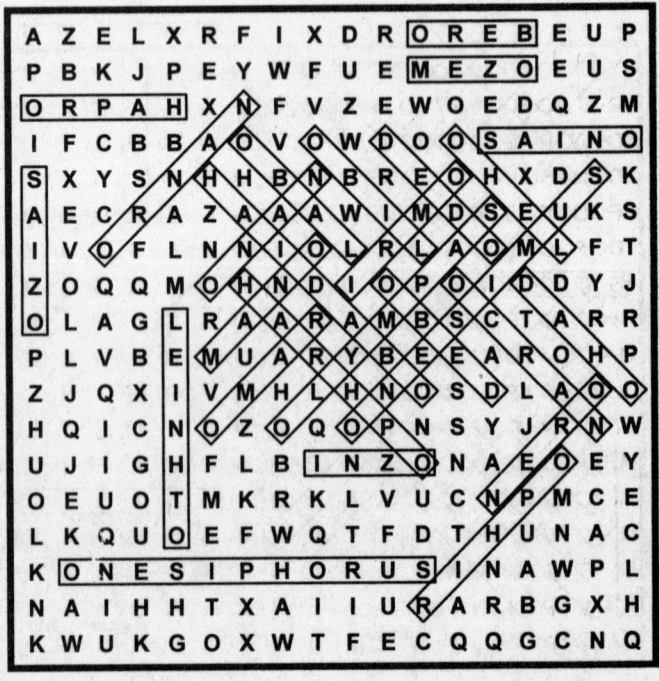

#29 THE SONG OF MOSES

#30 FIRST CORINTHIANS 13

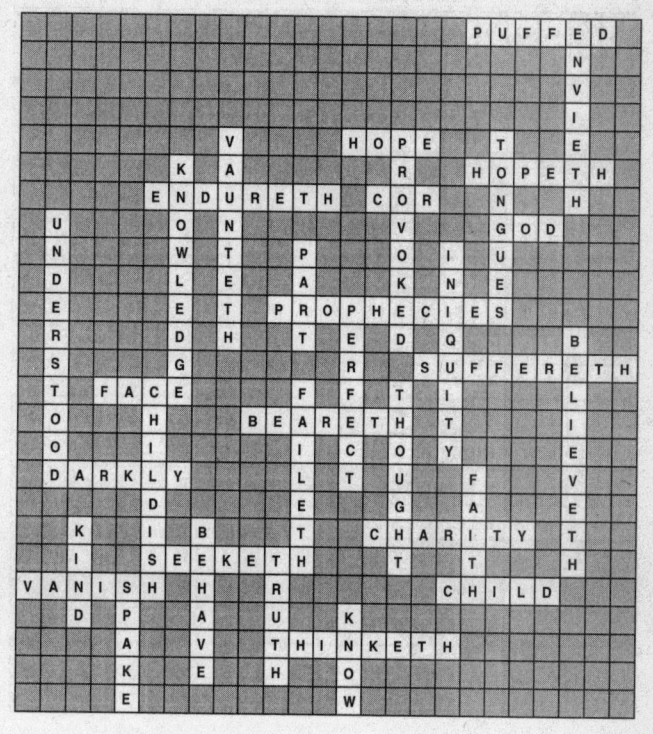

#31 UNCLEAN FOOD SOURCES

#32 NOAH'S DESCENDANTS

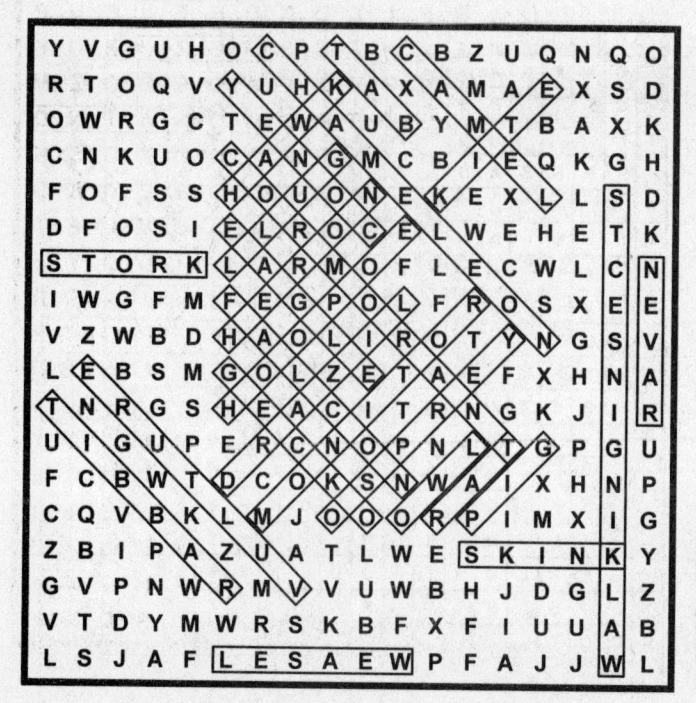

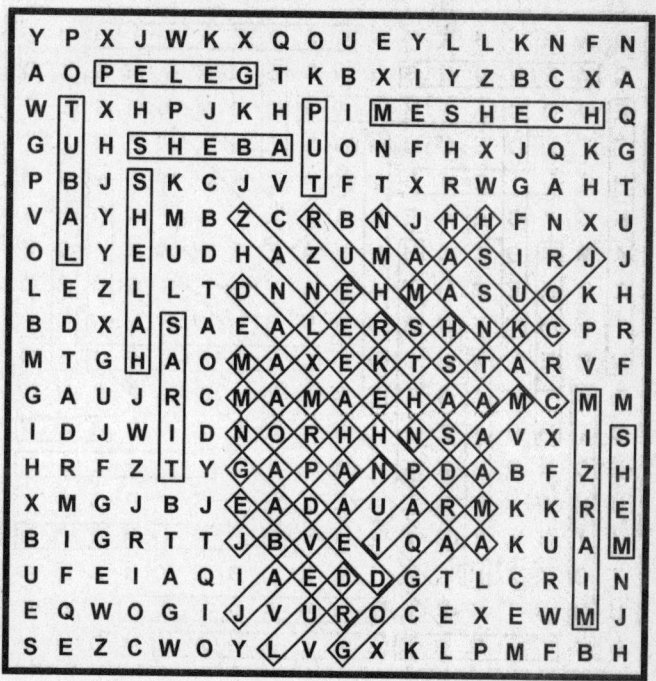

#33 MIRACLES AND MOSES

#34 CITIES OF DAN AND NAPHTALI

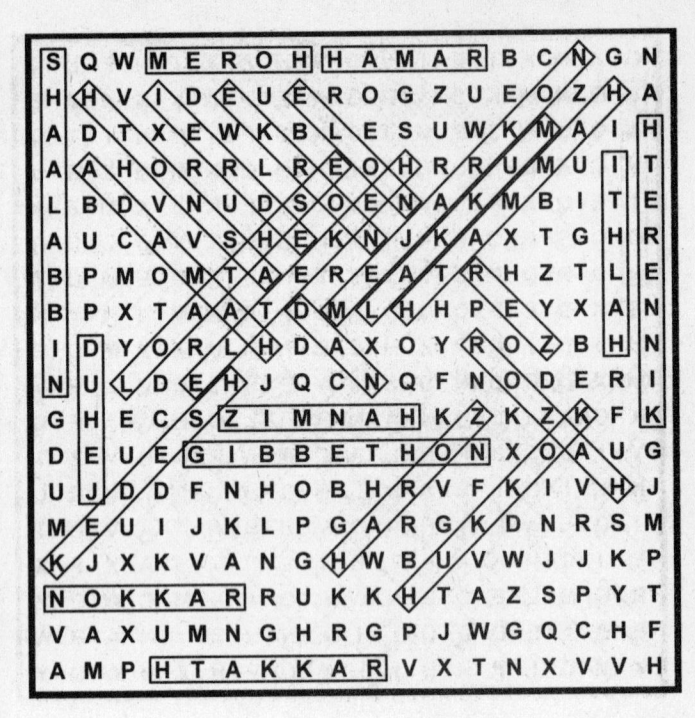

#35 CITIES OF ZEBULUN, ISSACHAR AND MANASSEH

#36 NAMES OF JESUS

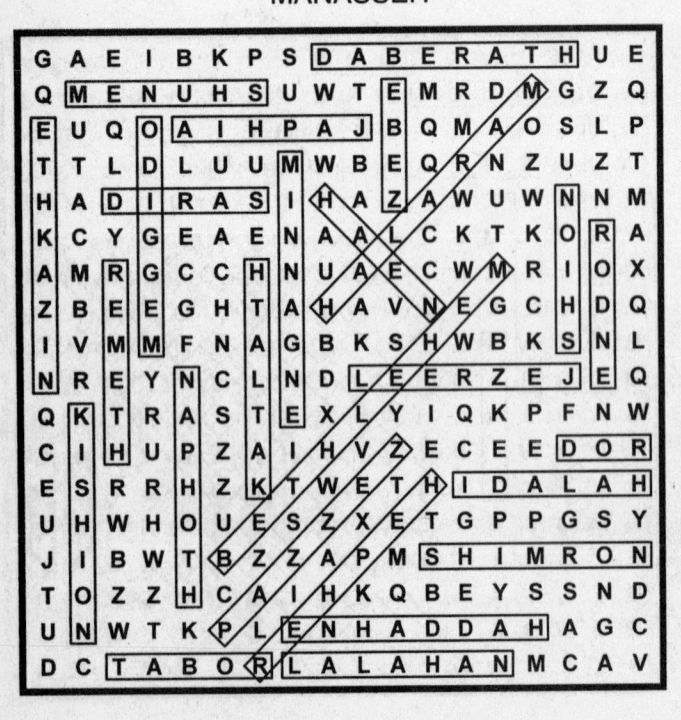

#37 CITIES OF ASHER AND EPHRAIM

#38 CITIES OF SIMEON AND BENJAMIN

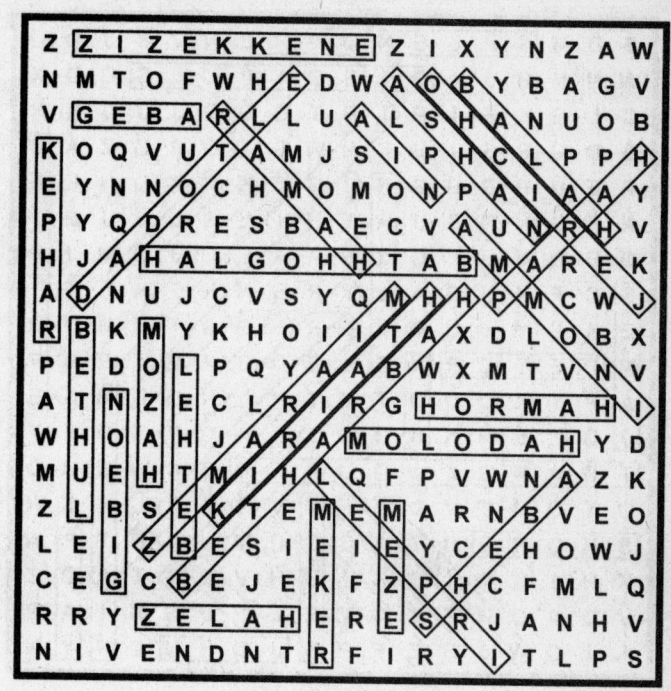

#39 BOOKS OF THE OLD TESTAMENT

#40 BIBLE GATES

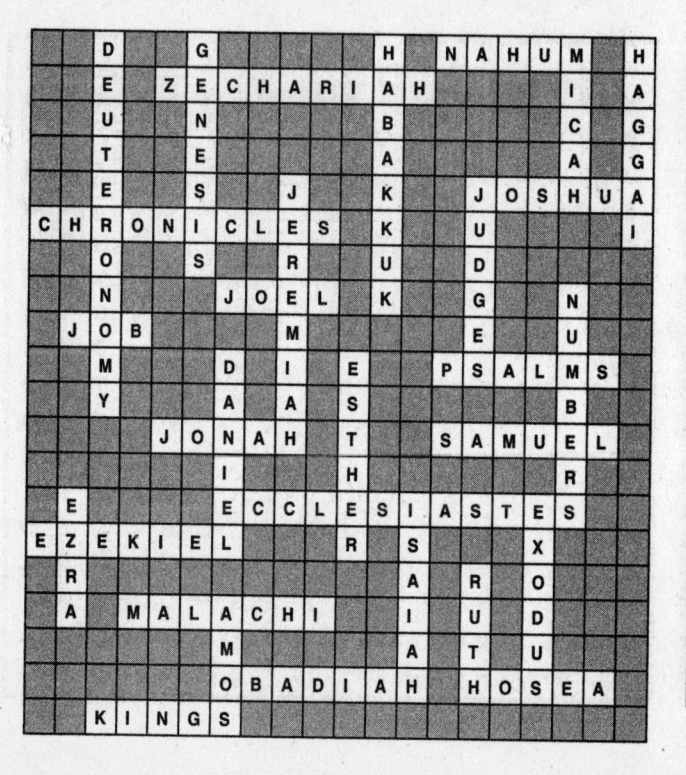

#41 THE TRANSFIGURATION

#42 THE STORY OF NOAH

#43 JESUS' GENEALOGY

#44 JESUS' GENEALOGY

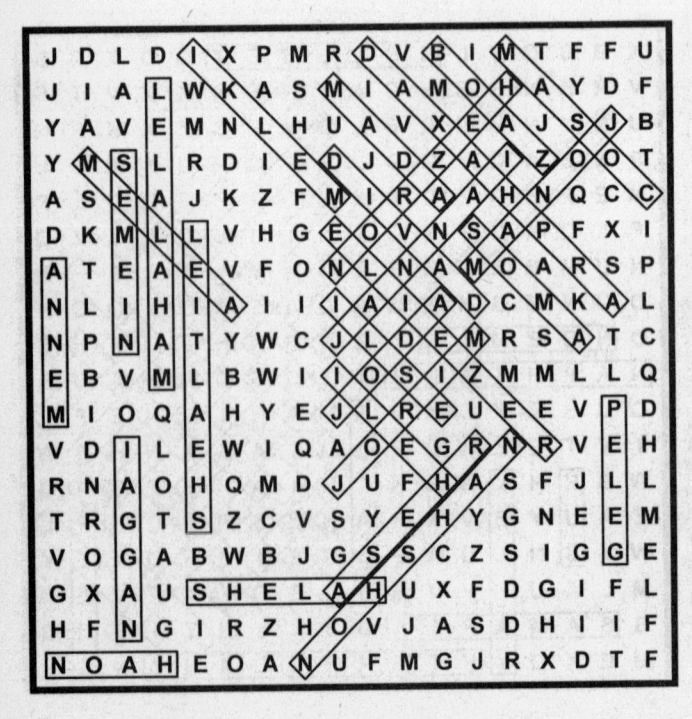

#45 PARABLE OF THE PRODIGAL SON

#46 WORDS FROM THE BIBLE'S LONGEST VERSE

#47 THE LORD'S PRAYER

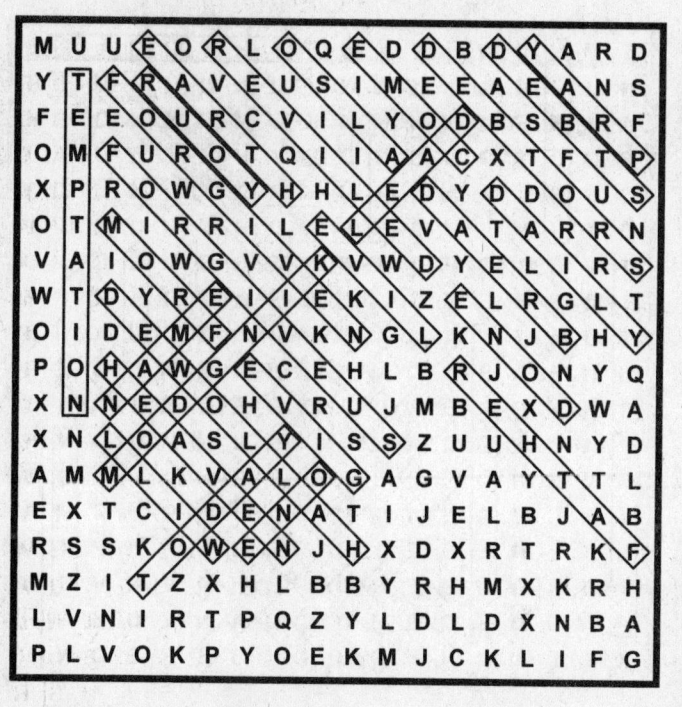

#48 BIBLICAL OCCUPATIONS

#49 WOMAN AT THE WELL
#50 OLD TESTAMENT PROPHETS
#51 THE ANOINTING OF DAVID
#52 MEN OF THE NEW TESTAMENT

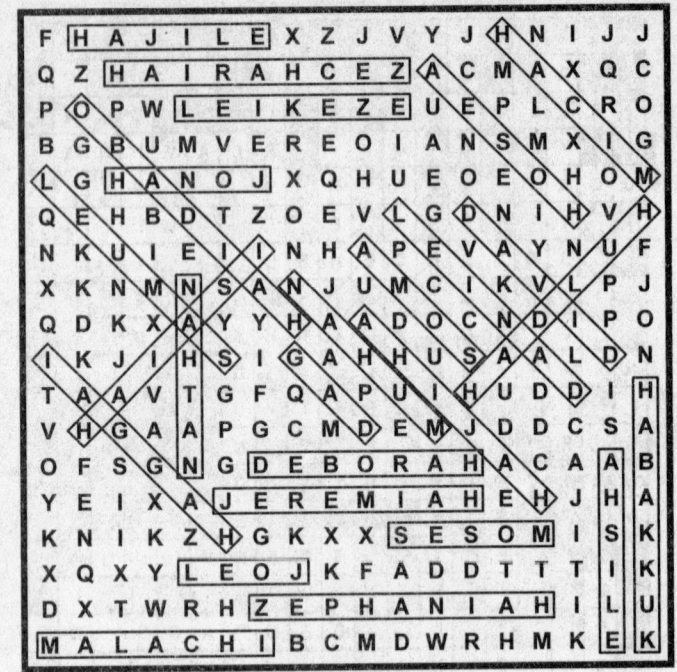

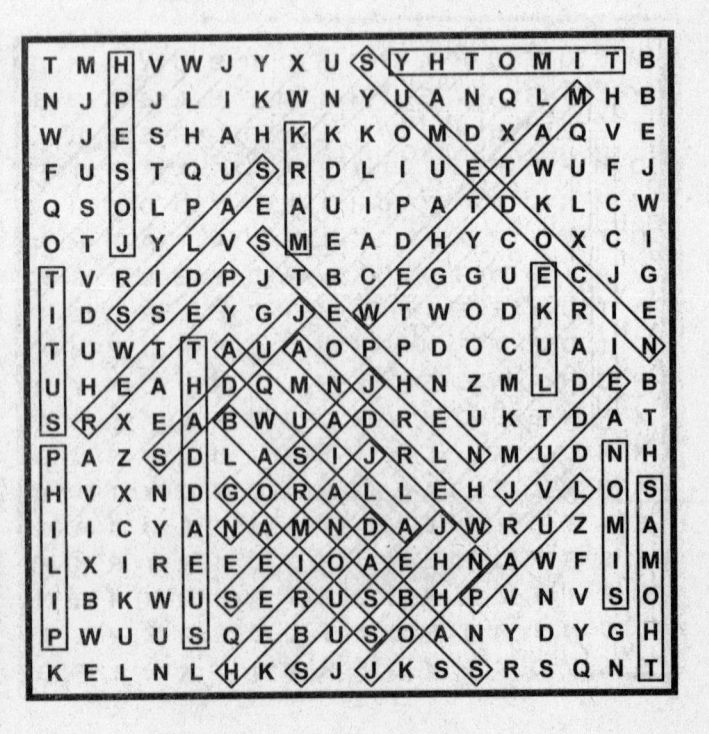

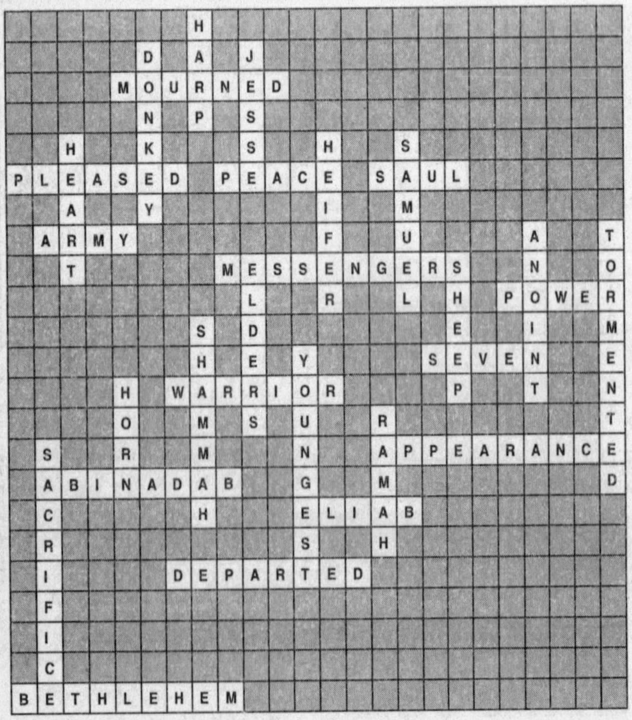

#53 MORE CITIES OF JUDAH

```
K L A A N U Z J O W W H A E B L I G
O A Z T K N G U X X V V W W A H T I
R H X L B B J E Z R E E L H O P Z K
U M I X E D N U E Q T P X L O M R I
G A W W V B H A Y S D X I L F I H N
A S V E W A A H N A S G M I O U A A
J N D K N E H O A H Y L D N E Z M H
F E G O X T N F T E T E W T O W A G
R D M J O T S I B H G I H B O C A I
N I H L M H B A D N T E S A P R N H
D A A F A A N Q E D R M A J I C Z F
C E N N K A T E R E I J P T S C M E
B N H E A R G T S A O M T H U I F F
X S M M Z L H H R D B A Y L Z K T R
A W A E O I A O A S J B P P E U G G
T M P N B N V G Y L S A A E E R B Q
E V P B P G F X M S A H K H I E S U
L C P H C O W W Z N O R B E H Q Y J
```

#54 DOORS IN THE BIBLE

(crossword-style grid with words: OLIVE, HINGES, TOWER, CHAMBERLAINS, CLOUD, THIEF, MOUTH, LORD, ELISHA, DOOR, TENT, JUDGE, DOORPOSTS, SEPULCHRE, DISCIPLES)

#55 WORDS OF JUDE

```
O S Q J G O Q B G T Q Y C R E M J M
V L L S H E A P A U S U M Y C B L F
J Q B E E P O D E N Y E E A G A I S
J I J Q A S A Q N L G E L O A R I E
Q E U J A H O Y O E C E D T E L G N
B U D R H G C H N A T G L H S D A D
P L G K B Y E I R E L N T S O O E B
J Y M X M K A G M O D I O U O V P W
A N E U F B R R R H A O B C I A A A
R R N D G J F Y P F P T Z L X V Y C
Y Z T X R S W F N J S E C B E E G T
W R Z X H O D O J E K K B S V R M N
S D N G L V L P K O V Y Y G G L A X
A J X R R F N P R G R O I V A S K L
E R F E A G W A T J R W L G L E R O
U K I W Q B H L G U E A R B G R G M
U O X O M A J E S T Y O U A I R D T
Q W Y P N A P Y I A B S T N I A S V
```

#56 KINGS AND KINGDOMS

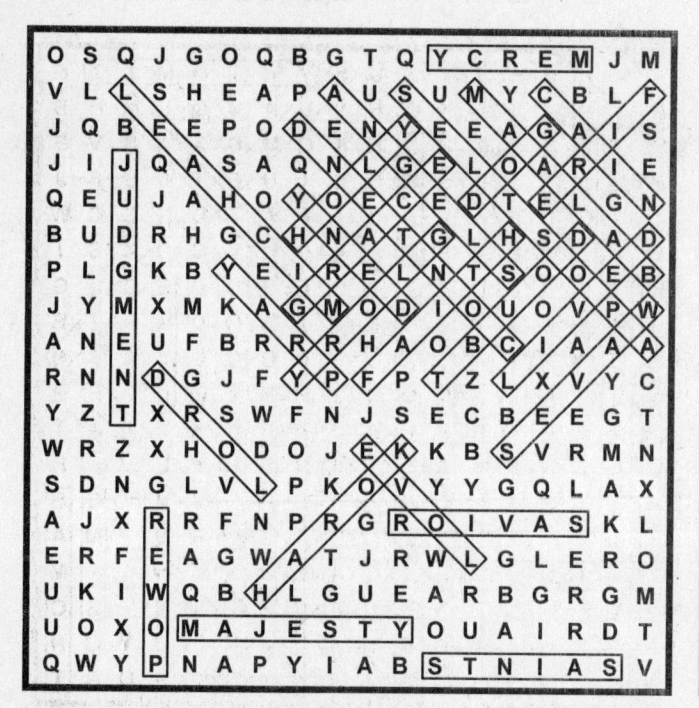

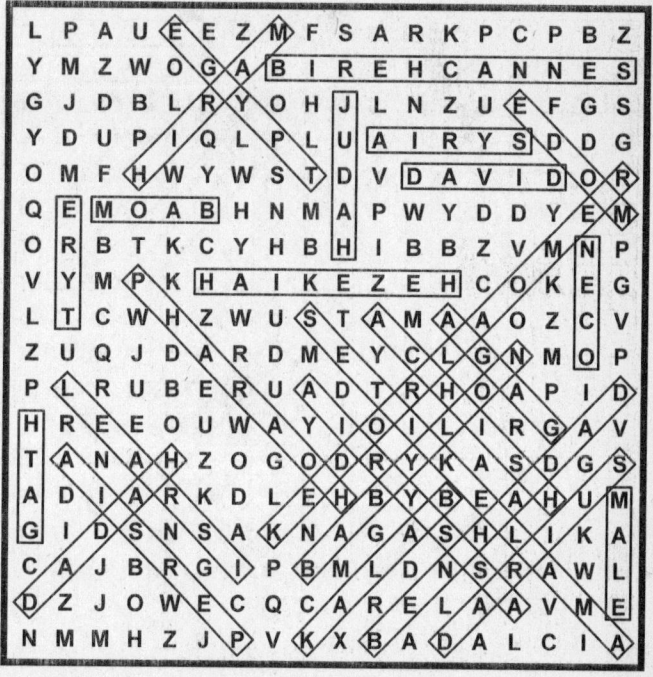

```
L P A U E E Z M F S A R K P C P B Z
Y M Z W O G A B I R E H C A N N E S
G J D B L R Y O H J L N Z U E F G S
Y D U P I Q L P L U A I R Y S D D G
O M F H W Y W S T D V D A V I D O R
Q E E M O A B H N M A P W Y D D Y E M
O R B T K C Y H B H I B B Z V M N P
V L Y M P K H A I K E Z E H C O K E
L T C W H Z W U S T A M A A O Z C V
Z U Q J D A R D M E Y C L G N M O P
P L R U B E R U A D T R H O A P I D
H R E E O U W A Y I O I L I R G A V
T A N A H Z O G O D R Y K A S D G S
A D I A R K D L E H B Y B E A H U M
G I D S N S A K N A G A S H L I K A
C A J B R G I P B M L D N S R A W L
D Z J O W E C Q C A R E L A A V M E
N M M H Z J P V K X B A D A L C I A
```

#57 PEOPLE TO KNOW

#58 ISRAELITE CLANS IN THE DESERT

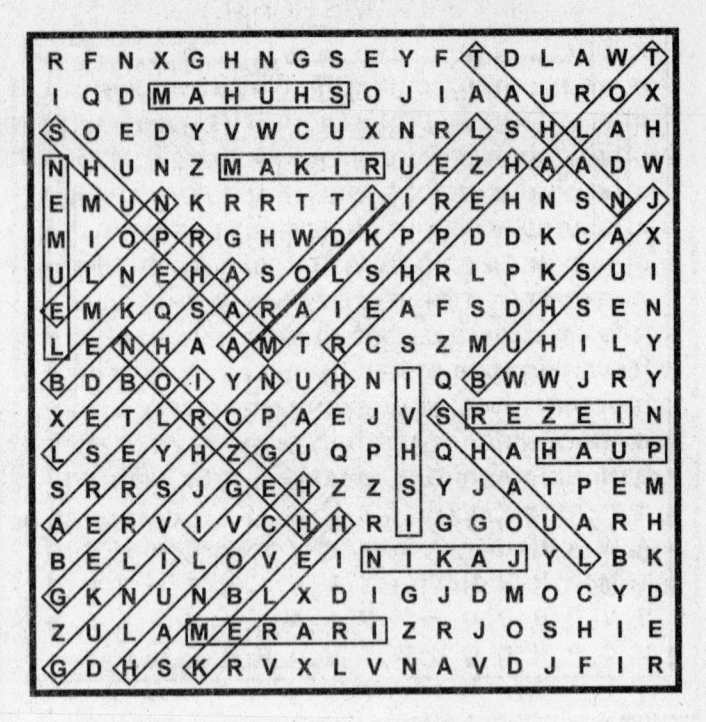

#59 MORE ISRAELITE CLANS IN THE DESERT

#60 SCRIPTURE PASSAGES

#61 BALAAM'S DONKEY

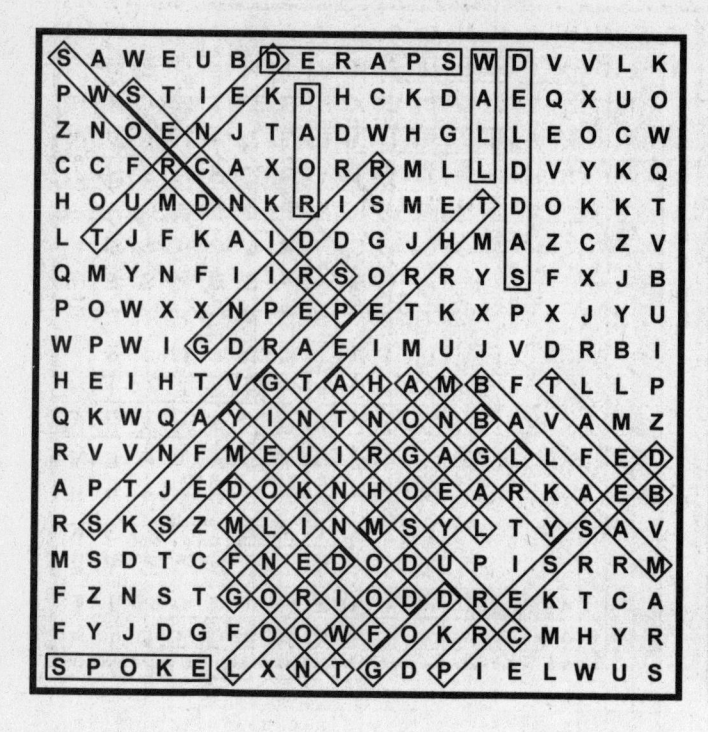

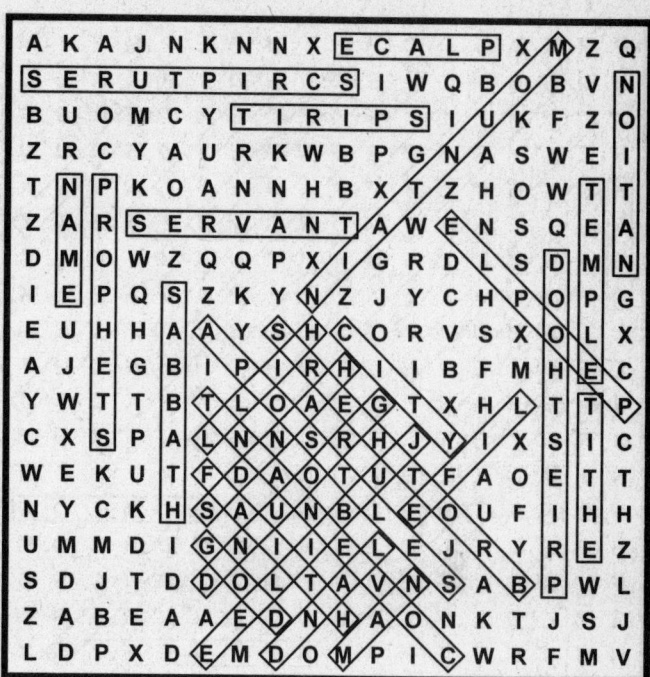

#62 HOLY THINGS

#63 LOVE IN THE BIBLE

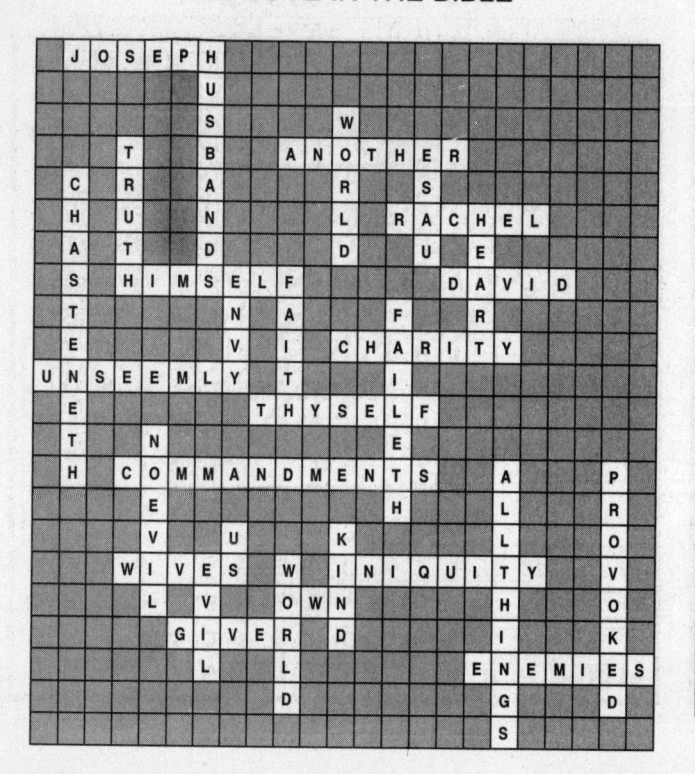

#64 CHILDREN OF DAVID

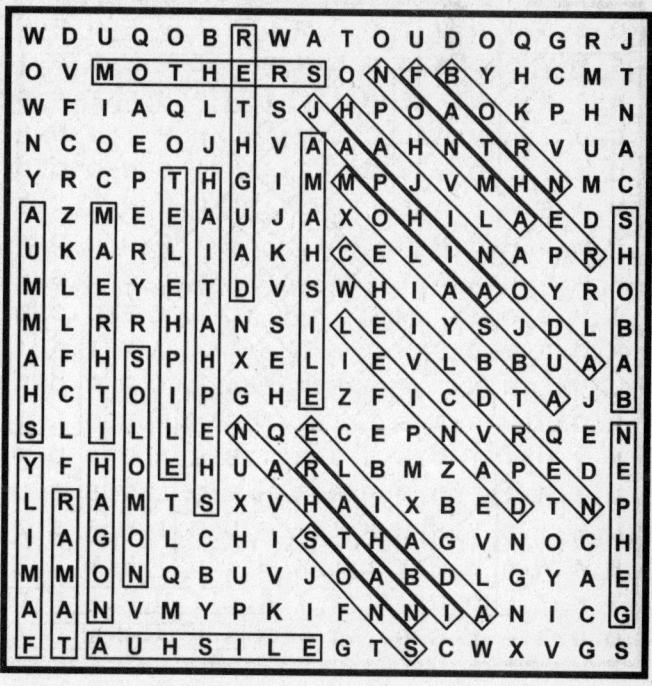

#65 SONS OF ISRAEL GO TO EGYPT

#66 PROVERBS 31 WOMAN

#67 TWELVE SPIES SENT OUT

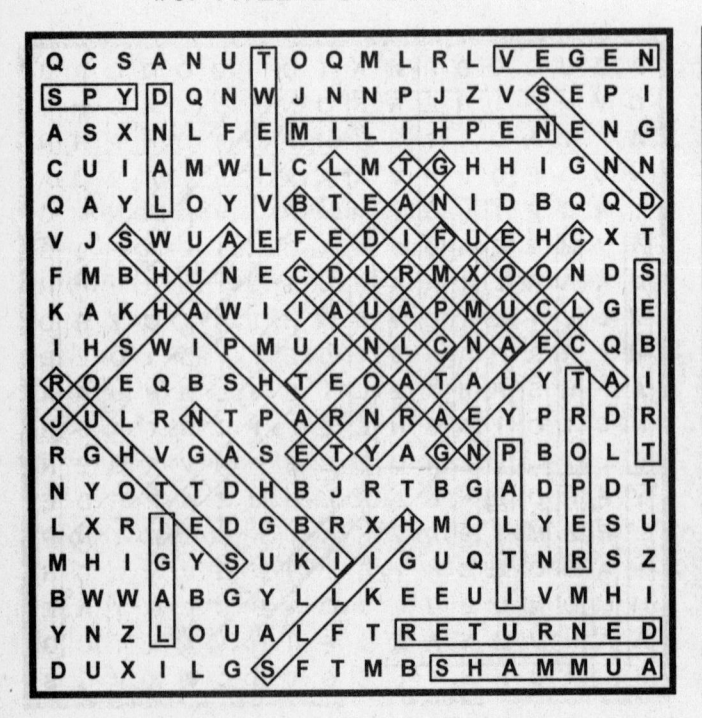

#68 THE PASSOVER

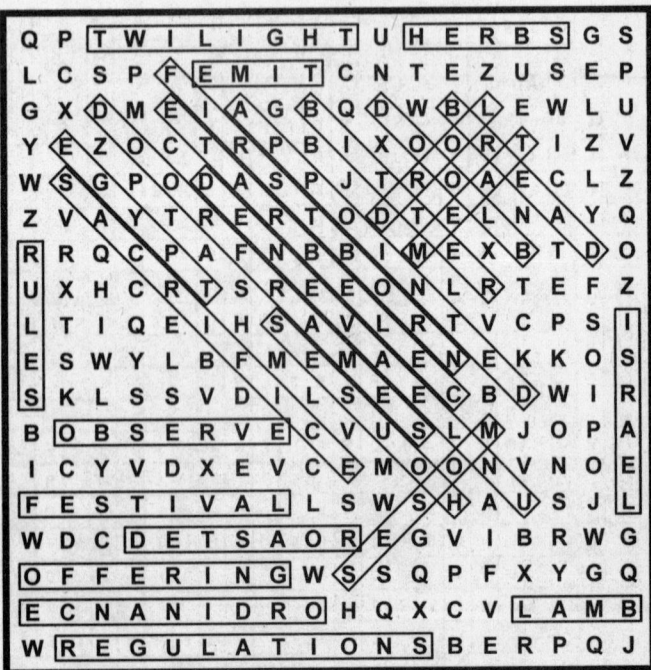

#69 COMPARISONS IN SONG OF SOLOMON

#70 THE GOLDEN CALF

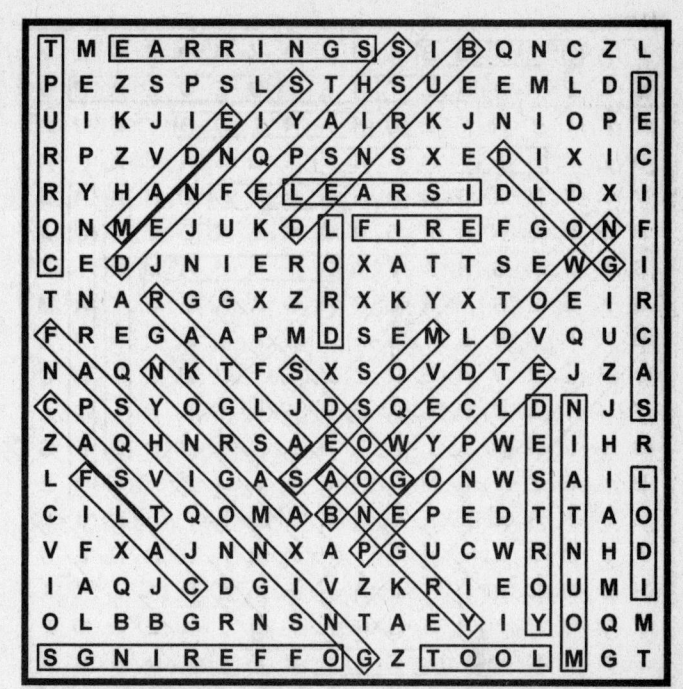

#71 BIBLE PLACE NAMES - A

#72 FRUITS OF THE EARTH

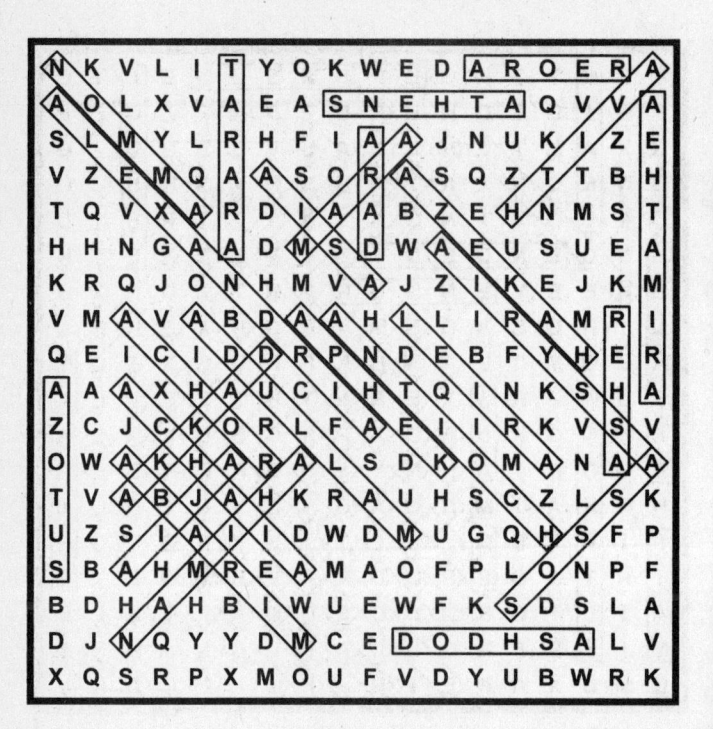

#73 BIBLE PLACE NAMES - B

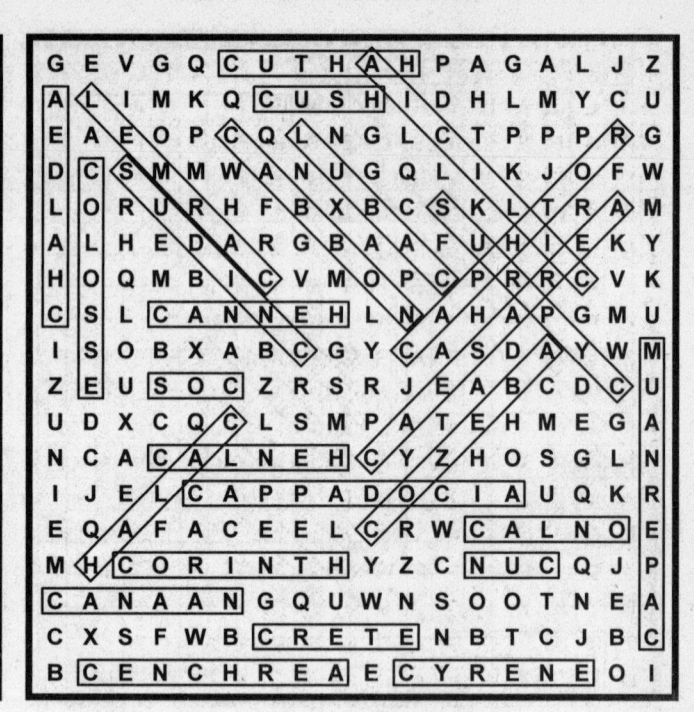

#74 BIBLE PLACE NAMES - C

#75 NEW TESTAMENT PLACES

#76 BIBLE PLACE NAMES - E

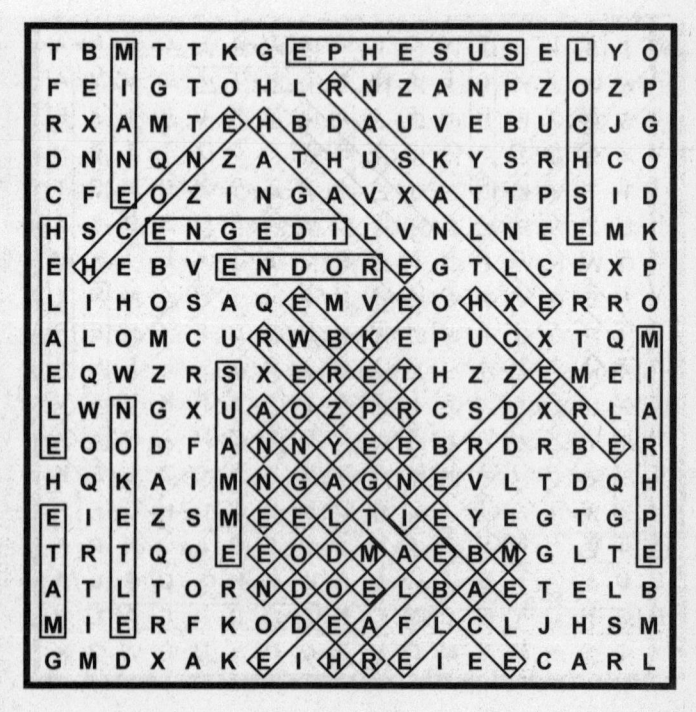

#77 BIBLE PLACE NAMES - G

#78 OLD TESTAMENT LOCATIONS

#79 BIBLE PLACE NAMES - H

#80 BIBLE PLACE NAMES - J

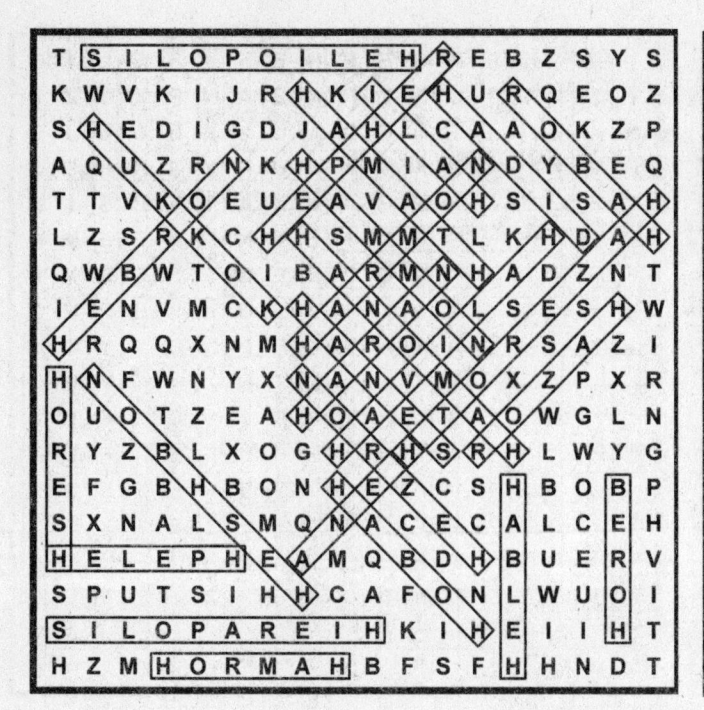

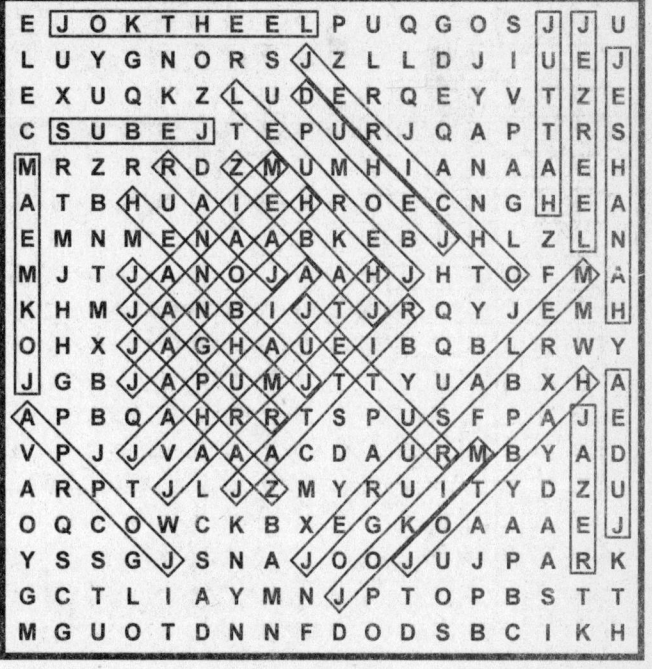

#81 WEAPONS IN THE BIBLE

#82 BIBLE PLACE NAMES - K

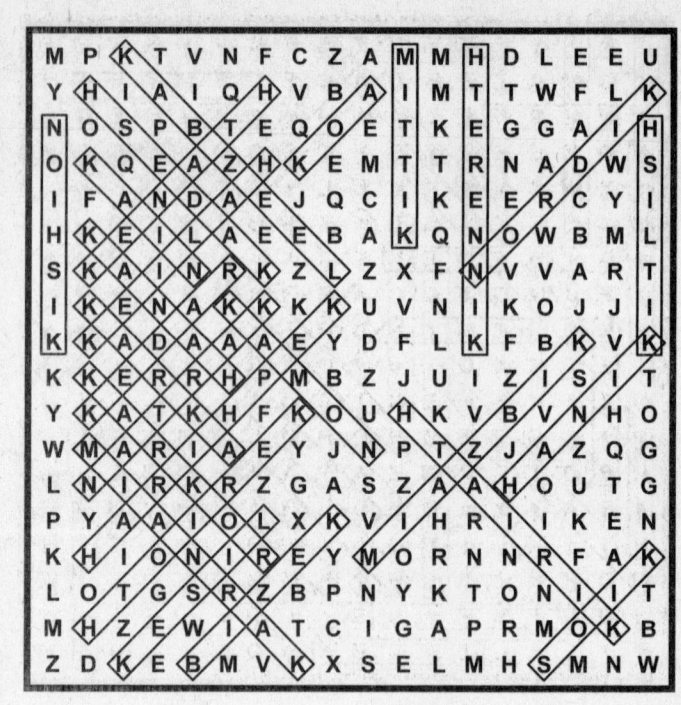

#83 BIBLE PLACE NAMES - M

#84 PROVERBIAL SAYINGS

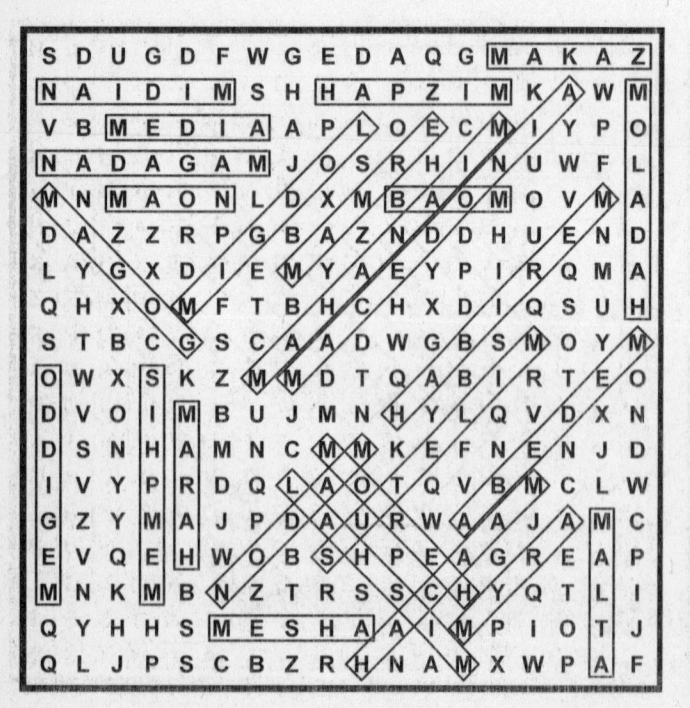

#85 BIBLE PLACE NAMES - N

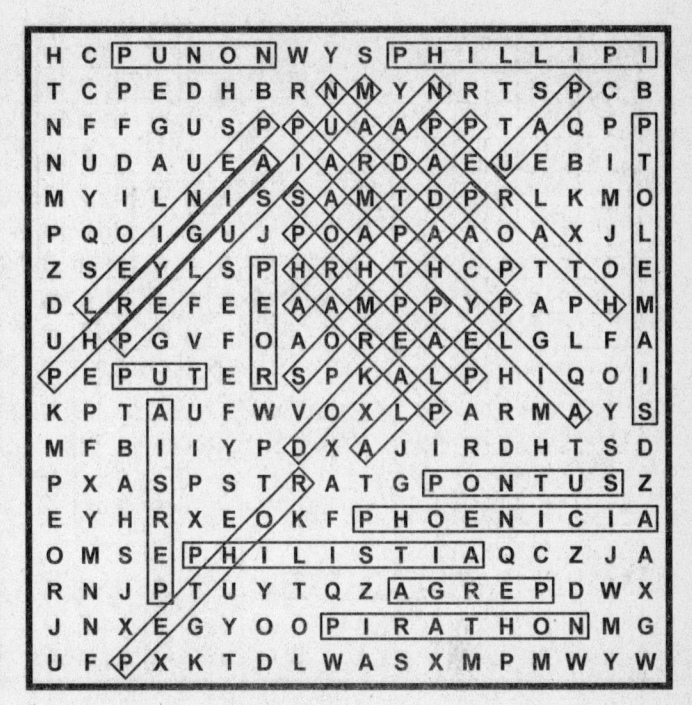

#86 BIBLE PLACE NAMES - P

#87 ACTS AND WORKS OF THE HOLY SPIRIT

#88 BIBLE PLACE NAMES - R

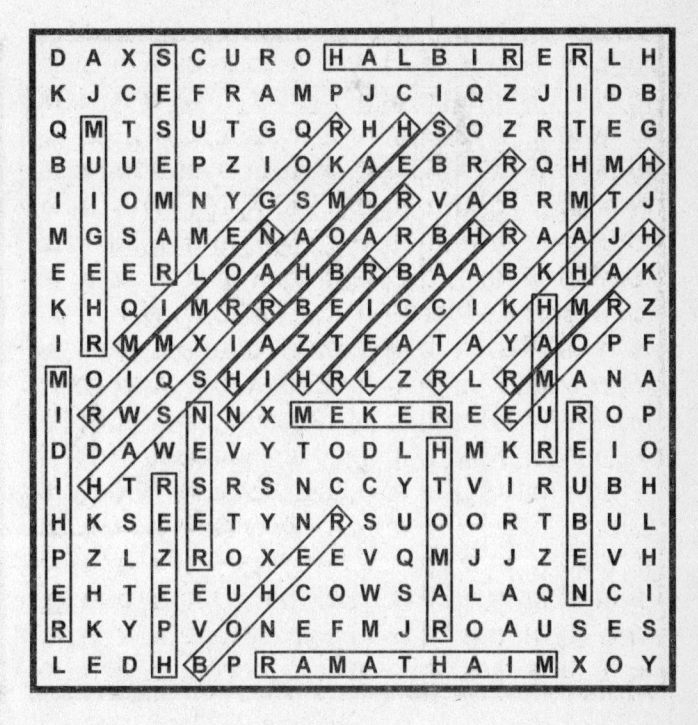

#89 BIBLE PLACE NAMES - S

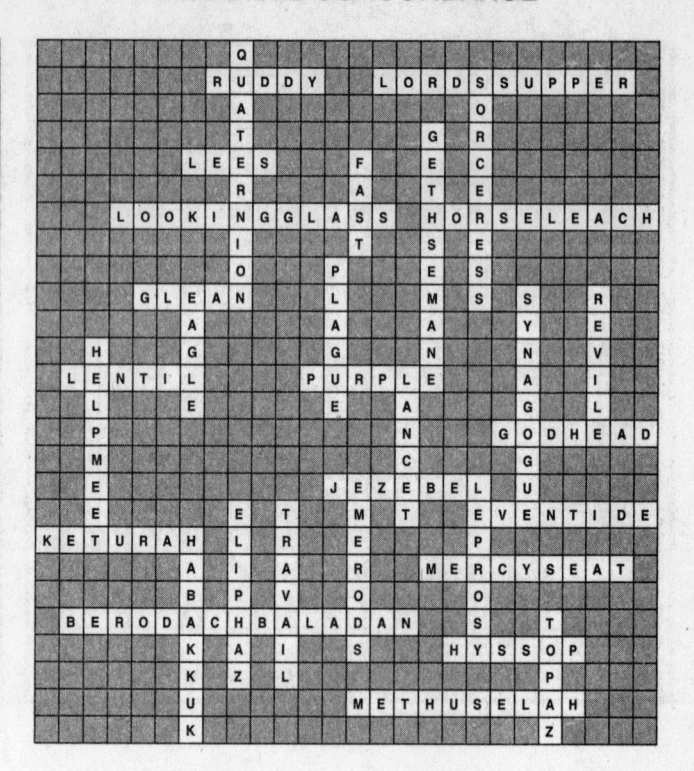

#90 BIBLE CONCORDANCE

#91 BIBLE PLACE NAMES - T

#92 BIBLE PLACE NAMES - Z

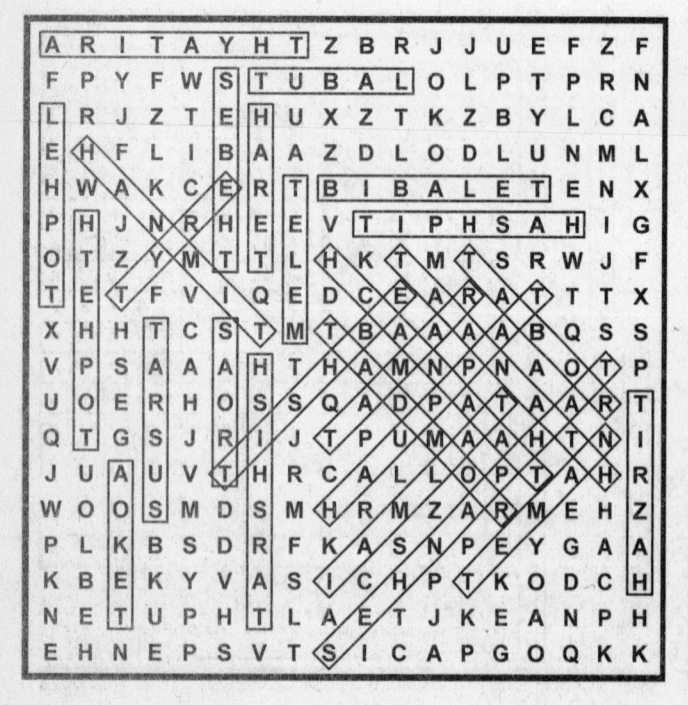

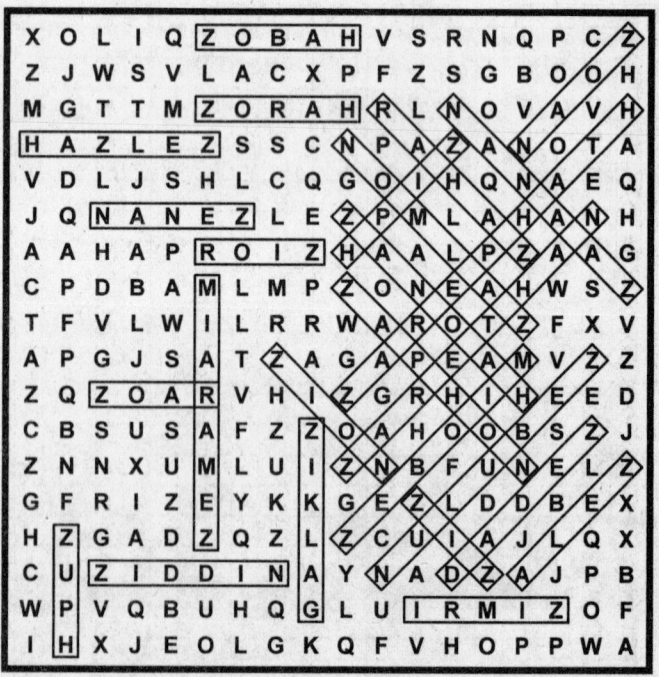

#93 JOHN'S VISION OF CHRIST

#94 ELIJAH ON MOUNT CARMEL

#95 THE SONG OF MOSES

#96 WOMEN OF THE BIBLE

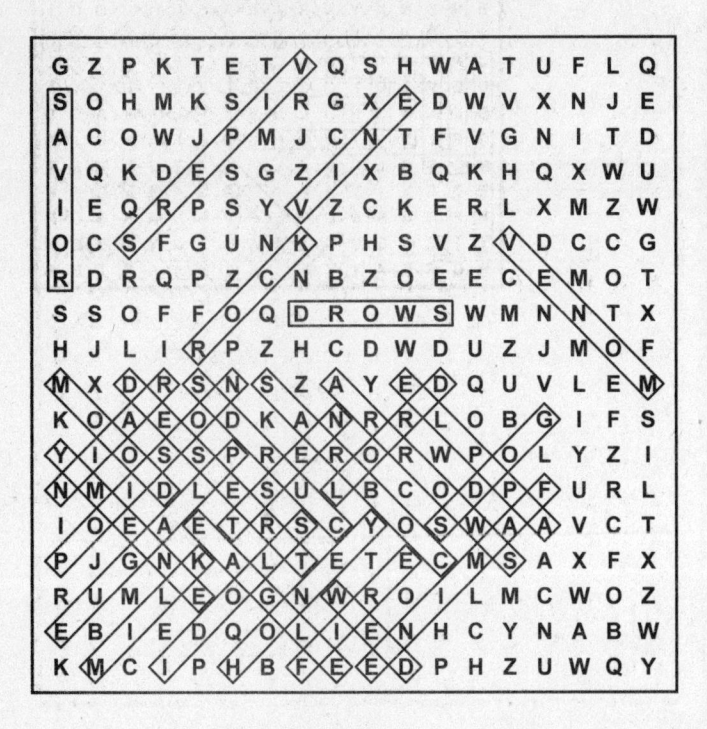

#97 WORDS OF NAHUM

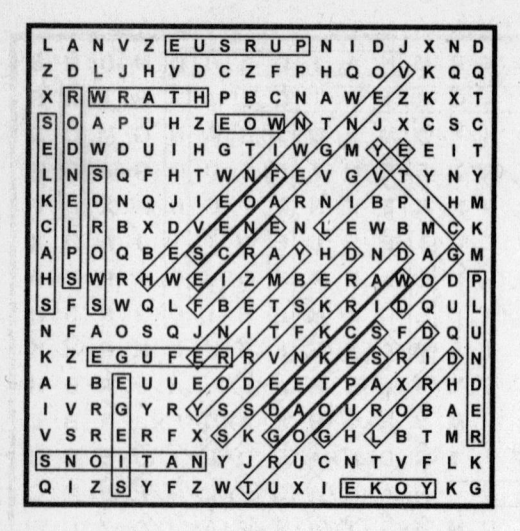

#98 TAME THE TONGUE

#99 FAMOUS TWELVES

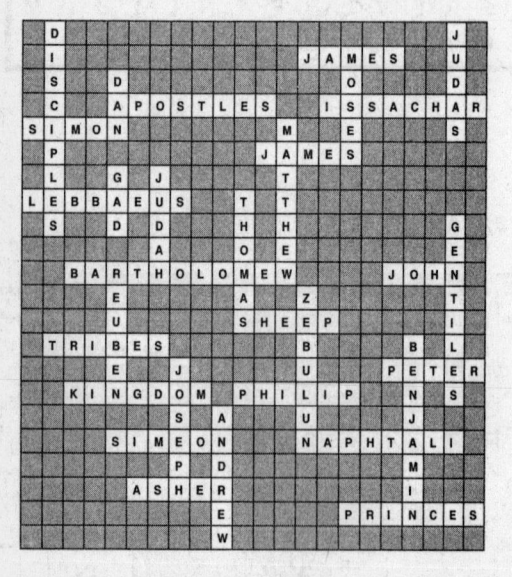

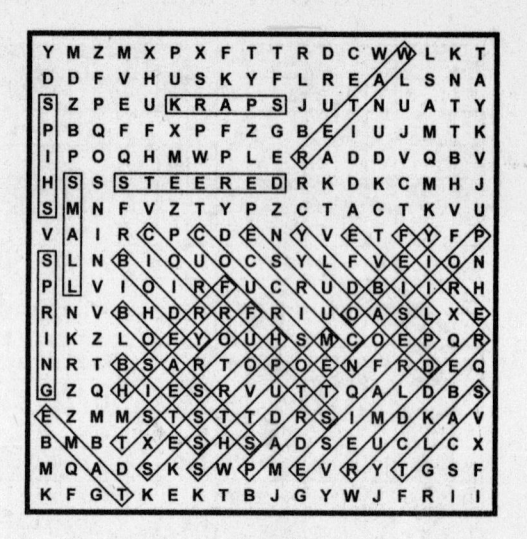

#100 WORDS OF MALACHI

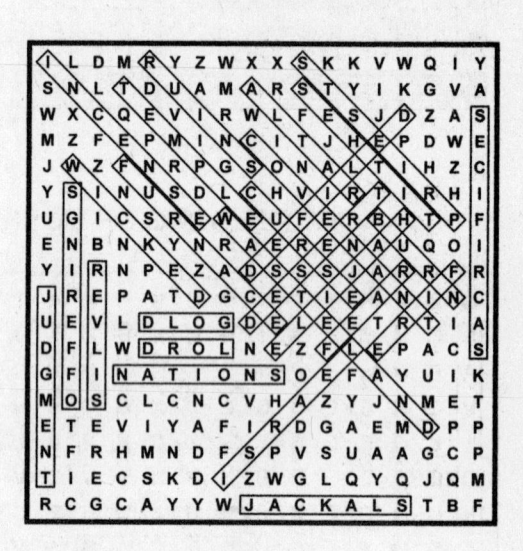

#101 SOWING SEEDS

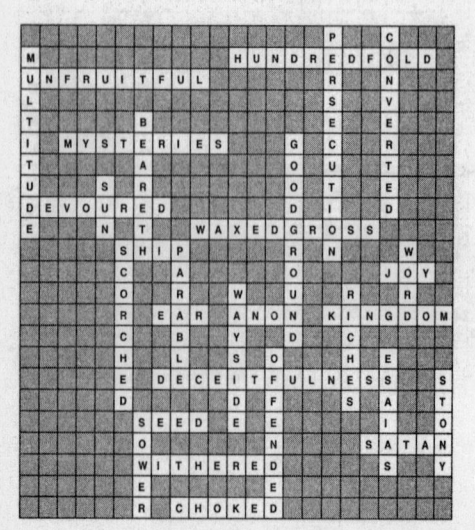